이비인후과 醫師가 詩로 들려주는 醫學콩트

You are welcome

유아 웰컴

당신의 일이라면 언제든지 환영합니다
제가 좋아서 한 걸요
그러니 고마워 마세요

의학박사 조 홍 주

에코미디어

조홍주 의학꽁트

유아 웰컴

인쇄_ 2023년 3월 25일
발행_ 2023년 3월 30일

지은이_ 조 홍 주
펴낸이_ 정 찬 애
인쇄·기획_ 도서출판 에코미디어
주소_ 광주시 동구 양림로119번길 21 - 1(학동)
전화_ (062)224 - 5319
팩스_ (062)225 - 5319
E - mail | jcapoet@hanmail.net

ISBN 978 - 89 - 97482 - 63 - 4 03810

값 30,000원

공급처 ■ 한국출판협동조합
경기도 파주시 적성면 가월리 1859-9 한국출판협동조합 적성물류센터
주문전화 (02)716-5616, 070-7119-1740

You are welcome

유아 웰컴

당신의 일이라면 언제든지 환영합니다
제가 좋아서 한 걸요
그러니 고마워 마세요

■들어가는 말

미국의 어니스트 헤밍웨이는 30대에 스페인 내전(1936~1939)
의 포화 속으로 뛰어든 작가이다.
헤밍웨이는 미국 신문연맹의 종군기자로 전장을 누비며
파시즘에 맞섰다.
그 때의 경험을 바탕으로 쓴 소설이 『누구를 위하여 종은 울리나』다.
인류애를 중시했던 영국 시인 존 던(1572~1631)은 죽음을 알리는
교회의 종소리를 남의 일로 치부해서는 안 된다고 강조했던
그 詩 제목을 그대로 딴 것이다.

세상 어느 누구도 외따로 떨어진 섬이 아니다.
모든 사람은 대륙의 한 조각이며
대양의 한 부분이다.
흙 한 덩이가 바닷물에 씻겨 내려가면
유럽은 그만큼 작아진다.
모랫벌이 씻겨나가도 마찬가지다.
그대와 그대 친구들의 땅이 쓸려 내려가도 마찬가지다.
그 누구의 죽음도 나를 감소시킨다.
왜냐하면 나는 인류 속에 포함되어 있기 때문에
그러니 누구를 위하여 종이 울리는지 알아보기 위해
사람을 보내지 말라.
종은 바로 그대를 위해서 울린다
(존 던, 뜻밖의 사태에 대한 명상, 17번째 명상)

'바다와 노인'은
'누구를 위하여 종을 울리나' 이후
10년 만에 나온 헤밍웨이(1899~1961) 작품으로
1954년 노벨문학상을 받았다.
85일 만에 처음으로 잡았던 거대한 청새치 한 마리
항구에 돌아 왔을 때는
상어 때의 공격으로 머리와 뼈만 앙상한 잔해뿐이었다.
역사상 대중들의 가장 많은 사랑을 받았던 문필가였지만
우울증 때문에 엽총으로 자살한 헤밍웨이가
소설의 주인공 어부 산티아고로 자신을 미리 예고 한 것이 아니었을까.
누구나 영광 뒤에 오는 우울증(憂鬱症), 이것이 문제로다.
처칠과 링컨은 우울증을 '살자'로 훌륭하게 극복했지만
헤밍웨이는 '살자' 대신 거꾸로 '자살'을 택했던 것이다.

憂鬱症(우울증)의 憂(근심할 우. 頁+冖 +心 +夊)는
마음이 어둡고 가슴이 답답한 상태이다.
머리(頁)와 마음(心) 속에 온통 걱정거리가 가득 차,
발 거름(夊) 마저도 무겁다는 뜻이다.
憂의 頁(혈) 대신 손으로 마음을 감싸고 걷는다는 뜻의
爪(조)를 넣어보자.
사랑 애(愛)가 된다.
마음속으로만 마음을 감싸지 말고,
성추행이라고 오해 받더라도
접촉(손. 포옹)하고 따뜻한 말(칭찬. 감사)로 마음을 감싸면(愛)
옥시토신(자궁수축 호르몬. 사랑의 묘약)이 분비되고, 신뢰감이 형성된다.
햇볕을 받으면서 함께 걸으면 행복한 기억회상 때문에
세로토닌이 분비되어 편안함과 차분함이 생겨 우울증이 예방 된다.

세로토닌은 장 점막에서 분비되는 호르몬(80%)이므로
장(腸)이 튼튼해야 우울증이 치료된다.
우울증은 장이 보내는 재채기이다(변비=우울증).

아래로 꾸욱 누르는 감정이란 뜻의 憂鬱症(우울증. 우울장애.
depression=de(down)+press. depressive disorder)의
鬱(울)은 '막힐 울. 답답할 울. 향기로울 울'의 뜻을 가지고 있다.
林+缶(장군 부)+冖(덮을 멱)+米+凵(입 벌일 감)+彡(터럭 삼)
숲(林)속 항아리(缶)에 덮여있는(冖) 쌀(米)로 빚은
단지(凵) 술을 숟가락(匕)으로 3번(彡) 떠 마시는 사람들은
그 향기로움에 답답하고 울적함이 가시지만,
숲속에 홀로 갇혀있는 술의 입장에서는 답답하고 울적하다는 뜻이다.

還甲(환갑)이란 게 있다. 최상이 60이다. 60부터는 다시 돌아간다.
이제부터는 환갑처럼 거꾸로 살아보자.
점점 울적해지는 60,70,80,90 세가 아니라
치매도 우울증도 없는 밝은 젊음의 세대인
50, 40, 30세로 거꾸로 돌아가 보자.
우울증 때문에 오는 '자살'을 거꾸로 '살자'로 바꿔보자.

숲속에 홀로 갇혀있는 답답한 술의 입장에서 벗어나, '쓰고 죽기'
'憂대신 愛로 바꾸기' '튼튼한 腸 만들기' '생각을 거꾸로 하기' 등
향기로움의 맛을 3번(彡)정도는 맛을 보는 것이 우울증을
피하는 방법이 아닐까?

생각을 '거꾸로' 바꾸라고 했더니
엉뚱하게도 독도를 다께시마로 부르는 일부 일본 사람들이

검은 속살을 내놓으면서 침을 삼킨다.
다케시마(竹島), 거꾸로 마시케다(맛 있겠다)

잡아온 청새치가 머리와 뼈만 앙상한 잔해뿐이라고
슬퍼하고 우울증에 빠져서는 안된다.
인생의 황혼을 맞이하는 80대는
황금빛으로 물든 해질 녁 처럼 아름답다.
자식의 정을 먹고 사는 시간이다.
이제부터는
천명을 다할 때까지
이 세상 창조주도 사랑하지만
창조된 이웃 사람을 사랑하는 것도
아름다운 끝마무리라 생각한다.

*憂鬱症(우울증. 우울장애)
depression=de(down)+press(누르다). depressive disorder
아래로 꾸욱 누르는 감정
*鬱(울) -막힐 울. 답답할 울. 향기로울 울
林+缶(장군 부)+冖(덮을 멱)+米+凵(입 벌일 감)+彡(터럭 삼)
숲(林)속 항아리(缶)에 덮여있는(冖) 쌀(米)로 빚은
단지(凵) 술을 숟가락(匕)으로 3번(彡) 떠 마시는 사람들은
그 향기로움에 답답하고 울적함이 가시지만,
숲속에 홀로 갇혀있는 술의 입장에서는 답답하고 울적하다
*憂(근심할 우. 頁+冖 +心 +夂) -마음이 어둡고 가슴이 답답한 상태
-머리(頁)와 마음(心) 속에 온통 걱정거리가 가득 차
그 발 거름(夂) 마저도 무겁다.

*우울증에 걸리는 것보다는 차라리 잘 난 척하는 것이(snob) 더 좋다.
자율신경계에서 교감신경이 20%정도 흥분한 상태가 좋다.
꼭대기 분수에서 내려오지 마라.

은근히 잘 난체 하며
상대보다 우월하다는 것을 보여주고 싶은 속물적인 마음
난 남들과 달라! 지성적인 체하며 젠 체하는 허영심 많은 사람들
찡보(찍새)보다는 초랭이 방정이 더 좋다.
부르주아 계층의 자녀들을 nob(noble),
반대로 낮은 계층의 자녀들은
sine nob(귀족성이 없는 sine nobilitate 고결함이 없다)
wine snob, coffee snob 잘 난 척, 아주 까다로운 사람
snob 원인 - 애정결핍과 자존감의 결여 때문
snob effect(스노브 효과) -다른 사람과 다르게 보이고 싶어 고상한 체 하는 사람
특정상품에 사람이 많이 몰리면 희소성이 떨어지므로, 다른 상품을 구매해서
차별화 하려는 현상(백로효과. 속물효과)

*상사병 - 짝사랑의 상사병이 아니라,
윗사람에게 아첨하고 부하 직원에게 갑질 하는 속물(snob) 상사
때문에 생기는 병

*乘(탈 승) -두 사람(北=人+人)이 나무(木) 위로(丿) 올라간다.
1) 제곱
2) 불교 –중생을 태워서 생사의 고해를 건너 열반의 세계로 이르게 함
3) 중생의 깨달음을 인도하는 부처의 가르침. 수행법
*이乘저乘 - 이것 저것(저편의 삶) - 저승사자(저乘使者)
*參預(참예) -어떤 일에 끼어들어 관계함(참여)
*獨島. 돌섬. 독섬. 石島
石島 - 한자로 音寫하면 獨島(국제적인 명칭),
- 일본식으로 음사하면 竹島(독도에는 대나무 없음)
- 일본에서만 다케시마 라고 표현

*문학인들의 글 중에 가장 경제적이고 독자의 폐부를 찌르는 글은 단연코 詩이다. 詩형식의 글은 광고의 카피라이터처럼 간결하고 감정을 옹축시킨 절제된 詩語이기 때문에 더 겸손하고 힘이 있어 보인다.
여기에 꽁트를 얹혀 상상력의 외연을 보다 넓히고 싶다.

2023년 3월
조홍주

■발간을 축하하며

의학정보와 지식의 보물창고

강 경 호
(문학박사, 한국문인협회 평론분과회장)

이비인후과 의사 조홍주 선생님은 그 동안 10여 권의 책을 펴냈다.

이 책들은 오직 병원에 내원하는 환자들에게 무상증여하는데 쓰여진 것으로 안다.

이른바 이비인후과에 관련된 '영업비밀'을 담은 것이니 독자들에게는 더없이 훌륭한 선물이라고 할 수 있다. 우리가 잘못 알고 있는 의학정보를 친절하게 바로잡아주는 길잡이 뿐만 아니라, 궁금했던 것들을 안내해주었으니 선한 의사 선생님이 아닐 수 없다.

조홍주 선생님의 글은 단순히 의학정보만 전달해주는 기능만을 보여주지 않는다. 선생님의 글은 지금껏 한 번도 본 적이 없는 형식으로 꾸며진 책이다. 유려하고 시적인 문장으로 다양한 비유와 더불어 해학이 깃들어 독자들을 미소짓게 한다.

이 책의 특징은 한자를 풀이하거나 파자(破字), 또는 해체하여 한 획 한 획이 지닌 의미를 통해 메시지를 전달하고, 이야기를 만들어내고 있다. 이러한 과정을 살펴보면 크리스찬으로서의 본분을 잃지 않으며, 밑도 끝도 모를 해박함에 놀라지 않을 수 없다.

선생님의 글은 기독교, 불교, 유교, 심지어는 민간신앙을 초월한 세계를 통해 메시지를 설명하며 각인시켜주는 열린 정신성을 읽을 수 있다. 더불어 사회·정치·경제·역사·문화예술·의학 등 인간이 추구하는 모든 영역에서 선생님만의 독특한 견해를 드러낸다. 한마디로 선생님의 책을 읽으면서 화수분 같은 상상력에 놀라지 않을 수 없다. 그러므로 선생님의 글은 '의학정보 뿐만 아니라 지식의 보물창고'라고 할 수 있다.

이러한 조홍주 선생님의 글은 풍자와 해학, 번득이는 지혜로 때로는 미소짓게 하고 때로는 진중한 질문을 독자들에게 던진다. 인간으로서의 지녀야 할 중요한 가치와 덕목과 함께, 육체적 건강을 위한 실천적 해법을 제시하고 있다는데 이 책의 효용성과 의미를 되새기게 한다.

결과적으로 선생님의 글은 수많은 의학정보와 함께 인간의 실존과 사물의 본질을 묘파하고 있다. 그러므로 인간의 성찰과 통찰을 유도하고 있는 점이 선생님의 글쓰기의 목적이 아닐까 하는 생각이 든다.

문장은 그 글을 쓴 사람을 닮게 마련이다. 조홍주 선생님이 오직 환자(독자)들을 위한 위민정신이 글 속에 오롯하게 투사되어 있다. 이것은 조홍주 선생님이 살아가는 가치관과 세계관이 반영된 것으로 왜 살아가는지를 짐작하게 한다.

생물학적으로는 노년의 삶이지만 조홍주 선생님은 정신적으로 아직 패기넘치고 의욕이 왕성한 청년이다. 그러므로 조홍주 선생님은 "매일 늙어가는 것이 아니라, 매일 새로워지고 성장한다"는 말씀의 주인공이라고 할 수 있다.

조홍주 선생님이 의사의 길을 가지 않고 예술, 특히 문학의 길에 들어섰다면 참으로 상상력이 넘치는 훌륭한 작가가 되었을 것이라는 생각이 들 때가 많다.

그 동안의 저술활동에 박수를 치면서, 조홍주 선생님이 건강을 잘 관리하여 새로운 상상력으로 빛나는 또 다른 논저들을 볼 수 있기를 기대한다.

차 례

유아 웰컴

1) 아! 새끼 또 꼴인 했네! -아세틸콜린

축구에서 상대편이 꼴인 하면
마음의 창이라는 눈이 커지고 휘둥구레진다(散瞳)
성질나서 심장이 뛰고, 혈압이 오르고, 침이 마른다
숨이 차므로 기관지가 확장되고, 긴장으로 혈관 수축(혈압 상승),
점액과 분비샘 수축
(소화불량, 설사, 변비. 구강. 안구 건조. 배뇨장애. 기침)
목 근육 긴장(목 이물감), 뇌(腦) 긴장(어지럼증, 불면증)이 나타난다

반대로 우리 편이 꼴인 하면
아! 새끼 꼴인 이다!
마음이 편해지고, 커졌던 눈동자도 작아진다
소화기능도 올라가고, 땀도 나온다

상대편이 꼴인 할 때는 '노르에피네프린'
우리 편이 꼴인 할 때는 '아세틸콜린(아새끼꼴인)' 이라는
신경전달물질이 관여하기 때문이다
에피네프린은 자동차의 엑설레이터(가속페달. 전진. gas pedal)
아세틸콜린은 브레이크 페달(제동기. 멈추개. 정지) 역할을 한다

아세틸콜린(Ach)은 심장조직에서 최초로 발견(노벨상) 되었으며
말초신경계의 대뇌 지시를 받는 체성신경(팔다리 골격근)과
大腦지시를 받지 않는 부교감신경(분비샘. 평활근. 심장근)에서
나오는 신경전달물질로
중추신경계에서 신경을 흥분시켜

뇌 순발력 상승. 기억증진. 학습. 수면에 관계하므로
아세틸콜린(Acethylcholine)이 부족하면, 죄의식. 수치심. 우울증.
치매. 자존감을 해치고 자살 시도를 할 수 있다
말초신경계에서 아세틸콜린이 부족하면
팔다리 근육 강화를 해주지 못하므로 중증근무력증에 빠진다

흥분을 가라앉히고 눈동자를 작게 만드는
부교감신경(아세틸콜린의 효과를 차단시키는
항콜린성. 부교감신경 차단제)에서
나오는 아세틸콜린을 가지 계열의
아트로핀(강심제), 스코폴라민(멀미약)으로
억제시키면 흥분되고 눈동자가 커진다(散瞳)

달걀 속에 치매를 예방하는 아세틸콜린(아새끼꼴인)의
재료(전구물질 콜린)가 많이 들어있다
치매로 미친 꼴 안 보려면, 달걀(콜린)을 미치도록 먹어야 한다
치매를 치료하려면 제3의 당뇨이므로 콜라, 설탕을 금지하고
신경이 좋아하는 저탄고지(低炭高脂) 음식을 즐겨야 한다
오늘 점심, 에그슬럿(egg slut 달걀에 미친 사람)과
달걀을 몽땅 넣은 징기스칸 샤브샤브를 먹고 싶다
아! 새끼 꼴인! 또 보고 싶네

*아드레날린=에피네프린=노르 에피네프린(비슷)
1) 부신 수질에서 나오는 호르몬 - 혈당 조절
2) 중추신경 및 교감신경절 이후 뉴런에서 분비되는 신경전달물질
epineprine= epi 위+ nephros 신장, on the kidney(콩팥 위)
adrenaline= ad 위 + renal 신장, 0n the kidney

*달걀 속의 콜린이 치매를 예방하는 아세틸콜린(acetylcholine)의 전구물질

*콜린 -비타민 B 복합체의 일종

세포막의 구성성분인 인지질을 합설할 때 합성

간에 쌓인 지방은 밖으로 배출

*아세틸콜린 -혈관 내 콜레스테롤 수치 감소, 혈당 조절

- acetyl(venegar 식초, 아세트산)+choline(복합지질성분의 비타민 B복합체)

*비타민 B 에 초 친 것 *로얄젤리- B6 + Ach

-아세틸콜린 분비 부위 -

1) 뇌 -마이네르트 기저핵, 대뇌기저부의 중격핵, 교뇌의 중심회색질, 대뇌각 교뇌핵

2)부교감신경 절전. 절후 *미주신경(하단 쪽 - 부교감신경 에서 방출)

교감신경 절전

부신피질

*신경은 기름을 먹고 자란다. 고로, 치매환자는 기름진 음식에 대한 갈망한다

*아세틸콜리의 수용체 - 2종류

a)니코틴성 수용체

b)무스카린성 수용체(버섯의 毒인 무스카린에 의해 활성화 됨)

- 항무스카린성 약물 : 아트로핀과 스코폴라민

(무스카린성 수용체를 선택적으로 봉쇄)

*콜린성 두드러기 -과도한 운동, 정신적 스트레스, 뜨거운 목욕 등으로 深部(심부)체온이 상승하면 두드러기(cholinergic urticaria)가 생긴다

*레시틴(卵黃)을 먹으면(콜린과 아세틸콜린 기능은 덤)

1) 세포막 구성 물질이므로 세포가 건강

2) 뇌신경 손상 예방(항산화제 콜린)

-콜린: 지방을 녹여냄(고지혈증. 지방간. 복부비만 예방)

3) 레시틴=인지질=포스파디딜 콜린

뇌신경세포에 레시틴과 콜레스테롤(지방비율)이 높은 이유 -두뇌영양제로 이용

뇌는 지방으로 구성, 고로 신경은 지방을 먹고 산다. 저탄고지

4) 뇌신경전달물질- 아세틸콜린 방출

*가지과 식물을 먹으면 불안, 감각마비, 환각, 기억상실 초래 (마취효과)

독성을 일으키는 가지(egg plant)의 종류: 스코폴라민, 아트로핀

*귀 밑에 붙이는 멀미 예방 팻취 성분 -스코폴라민

복통 치료약 -부스코판(스코폴라민)

-스코폴라민은 중추신경계의 무수카린 수용체에서 아세틸콜린과 경쟁적으로 결합

1) 부교감신경에서 나오는 아세틸콜린 억제 –구토중추의 활성화 억제
2) 말초 인두 및 소화기관의 위장운동을 감소시켜 구역. 구토 예방

* 구토중추 및 CTZ(chemoreceptor trigger zone 화학수용체자극대)에 관여하는 4가지
1) 전정기관(8신경에 히스타민과 Ach 이 분포 되어 있으므로,
멀미 때 항히스타민제(키미테)가 항히스타민 작용 및 항콜린 작용까지 한다
2) 말초: 인두. 위장관의 미주신경
3) 고위 뇌간(과음. 항암치료: CTZ 자극). 4)대뇌 피질구조: 시각. 냄새. 기억
- 도파민 수용체(D2), 세로토닌 type(5-HTS), H1(히스타민) 수용체 관여
* 입부터 항문까지(9m) 門이 3개 있다. 胃에 분문과 유문, 그리고 마지막 항문
噴(뿜을 분) -입(口)으로 크게(賁. 클 분) 불어 '뿜다' 噴水(분수). 噴火口(분화구)
憤(분할 분) -마음이 크게 솟아오르다. 분하다. 성내다. 憤怒(분노) *花卉(화훼)
墳(무덤 분) -흙이 크게(賁) 솟아오르다.
噴門(분문) -심장 근처에 있다고 cardia(들문)
幽門(유문) - 12지장 쪽 구석(구석 유), 그윽한 곳에(그윽할 유) 있는 날문
pylorus=pylo 문 + ros 담당자
- 胃로부터 12지장으로 음식을 이동시키는 담당자
嘔吐(구토)는 유문이 수축하여 장과 연결된 통로를 막고, 분문이 열리면서 뿜는다
幺(작을 요) - 糸에서 小를 제외하니 '작다. 어리다'
幽(그윽할 유) -산속 깊은 곳이 그윽하다
幻(변할 환) -작은 것을 구부리니(ㄱ) '변하다. 요술'
後(뒤 후) -천천히(彳) 조금씩(幺) 뒤따라오니(夊) '뒤'
幾 -작은(幺幺)기미를 창(戈)을 맨 사람이 살핀다
* 幺幺(2개가 모이면 작다는 의미를 강조)

* 우리 몸의 신경계
1) 크게 나누면 - 중추신경계(뇌+척수)와
말초신경(척수 뿌리 31쌍+ 뇌신경 12쌍)

말초신경을 분류하면(체성신경 & 자율신경)
a) 체성 신경계(반드시 대뇌의 승인을 받아야 함)-신경전달물질: 아세틸콜린
(예) 눈(감각신경)으로 보고 팔다리를 움직인다(운동신경)
체성신경-대뇌의 명령 하에 중추와 골격근(팔다리 근육)을 연결하는 신경
b) 자율 신경계(대뇌의 승인 없이 자율적으로) 분류(교감 & 부교감)

-교감신경 -신경전달물질 : 아세틸콜린의 자극을 받아(前)&
노르에피네프린 방출(後)
-부교감신경 -신경전달물질 : 아세틸콜린(前) & 아세틸콜린(시냅스 後)
교감과 부교감 신경은 拮抗(길항) 작용을 한다(자동차의 액설레이터와 브레이크)
拮(바쁘게 일할 길), 抗
*자동차에서 생명에 가장 중요한 곳은 -브레이크(부교감신경, 아세틸콜린)
커피 브레이크(커피마시며 쉬기. 숨 돌릴 틈. 쉴 틈)

*아세틸콜린의 분비장소와 기능
--부교감 신경의 Ach 만(5번) 브레이크 역할(안정)이고,
나머지 모든 Ach 는(1.2.3.4.6.7번) 흥분, 각성
(A)중추신경(각성 강화) -Ach(1)
*아세틸콜린(Ach) 외에
카테코라민(에피네프린. 노르에피네프린. 도파민)과
히스타민도 있다
(B)말초신경(골격근 활성화)
(a)기능적 분류
체성신경 Ach(2)
자율신경 -교감신경 절전(흥분 Ach 3) 절후(*아드레날린. E)
부교감신경(절전(Ach 4), 절후 (안정 Ach 5)
(b)해부학적 분류
뇌신경(12쌍 뿌리) Ach(6)
척수신경(31쌍 뿌리) Ach(7)
*Ach(아세틸 콜린)이 부족하면
인지능력, 기억력, 잠 깨는 기능(램수면) 떨어짐
몽롱, 나른. 섬망(파킨슨, 치매). 근무력증.
눈을 잘 못뜬다(소아). 졸리는 눈
*아드레날린=에피네프린

*정상적인 자율신경 상태는 교감신경이 20%정도 항진
만약에 20% 이하이면 우울증이 올 수 있다. 불안장애. 자율신경 실조증.
공황장애, 우울증 치료비-전 세계적으로 1400조원/年
스트레스- 교감신경자극 -심장 뛰고, 가슴 두근거리고, 손발 차고(혈관수축),
위장 수축(소화불량, 설사, 변비)
목 근육 안쪽 수축(이물감), 가슴 주변 근육수축(답답),

뇌 긴장(어지럽다), 밤에도 긴장(불면증)

공황 恐慌. 恐(두려울 공)-무릇(凡)

기술자(工)도 실수를 마음(忄)속으로 두려워한다

慌(어리둥절 황)-마음이 거칠어지니 '어리둥절하다. 다급하다'

忙(바쁠 망)-망할 때 마음이 바쁘다,

亡(망할 망)-사람(亠)이 달아나 숨으니(ㄴ) '망하다'

荒(거칠 황) -강(川)에 풀이 없으니(亡) 황폐하다. 거칠다

皇(임금 황) -임금보다 하얗게 보이니 '황제. 크다'

惶(두려워할 황) - 황제를 대하니 마음이 두렵다

惶恐無地(황공무지)-위엄이나 지위 따위에 눌리어 두려워서 몸둘데가 없음

*교감신경의 절전신경섬유가 짧은 이유

-가운데 척수 옆에 위치하여 급한 일이 생기면 즉각 동시에 출동

부교감신경(절전신경섬유가 길다)- 척수 상하 말단에 위치하여 장기 가까이 분포

따로따로 개별적으로 출동

*시냅스 -신경을 서로 이어주는 연접. 틈새. 갭으로

방출된 아세틸콜린을 분해청소(아세틸콜린 에스테라아제)

역작용- 아세틸콜린 에스테라아제 방해, 재흡수되는 콜린을 방해

*자율신경계 관련 약물

교감신경 흥분제 -에피네프린(부신수질에서도 호르몬으로 나온다)

부교감신경 차단제 -아트로핀

*자율신경계 관련 호르몬

부신피질 -알도스테론, 코티졸, 안드로젠

부신수질 -에피네프린, 노르에피네프린

*에피네프린 자가 근육주사(성인용 epi-pen) 상품명(젝스트)

-전신피부 두드러기, 호흡곤란, 쇼크(anaphylaxis) 발생 시 사용

- 0.3ml 허벅지에 근육주사

- 아나필락틱 쇼크(1:1000)1mg/1ml. cardiac arrest(심정지)(1:10,000) 0.1mg/1ml

- 에피네프린이 알파 수용체에 결합하면 : 평활근 수축, 혈관 수축

베타 수용체에 결합하면: 평활근 이완, 혈관 이완

*acet 접두사 =acethyl group(아세틸기)CH3CO- =acetum(라틴어 식초)

*살리실산에 식초(아세트산)를 넣고 끓이면, 아스피린 합성

*모르핀에 아세틸기를 첨가한 것이 헤로인 합성, 중독성이 모르핀보다 8배 더 강함

아세틸화 되면 혈액뇌 장벽을 통과하기 쉬우므로 약물효과가 더 빠르다

-아세트 아미노펜(타이레놀), 아세틸 살리실산(아스피린), 아세틸콜린, acetic acid
＊ester(에스터)=독일어 Essigather(식초 에테르)에서 유래

신경계 =중추+말초	말초신경 종류 체성 & 자율	흥분제 교감신경 흥분제 5 가지	억제제(진정제) 차단제 1 가지	분포 기관
중추신경 大腦 지시(+) ＊뉴런(신경절)-1개(운동뉴런) 속도가 빠르다		1) 아세틸콜린(Ach) 2) 노르에피네프린(NE) 3) 에피네프린(E) 4) 도파민(DA) 5) 세로토닌(5-HTS) ＊치료제 ADHD. 기면증. 식욕억제 호흡곤란 (각성제. 커피)	1) GABA 잠자러 가바! gamma amino butyric acid 항불안제 항경련제 두려움 완화 수면제 디아제팜(바리움) 아티반 졸피뎀. 프로포폴	

<table>
<tr>
<td>말초신경
-뉴런 2개(전후)
大腦지시(-)
연수반사
척수반사
기침반사
재채기
*拮抗(길항)
한곳에 2개
의 신경이
동시에 작용
뺨때리고
돈 주기.
바쁘게
일 시키고
중지하기.
病주고 藥 주기</td>
<td>1)체성신경

----
2)자율신경
a)교감
b)부교감</td>
<td>아세틸콜린(Ach)

----
a)교감신경흥분제
(시냅스 +)
에피네프린
암페타민
코카인
*아드레날린성
수용체 종류
알파 1. 2
베타 1. 2. 3
*벤토린(살부타몰)
베타2수용체작용제
(기관지 확장)
----
b)부교감신경흥분제
(시냅스 +)
무스칼린성 수용체
콜린성 약물
항콜린 에스테라제
(AchE)
중증근무력증치료
(네오스티그민)</td>
<td>

*교감 억제제
교감신경차단제
항아드레날린제
항고혈압제
불안증.전립선
치료제

----
*부교감 억제제
항무스카린제
항콜린성
아트로핀
스코폴라민
(부스코판)
*무스카린
muscaline
광대버섯의
독성물질</td>
<td>팔.다리
골격근

심장근
평활근
분비샘</td>
</tr>
</table>

*체신경계에 작용하는 약물기전

1) Ach 차단 -botulinum toxin(꿀병, 근무력증)

2) 분해효소 차단(anticholinesterse) -neostigmine

탈분극성이완제 -succynylcholine

비탈분극성이완제 -tubocurarine

*知分, 守分, 滿分, 安分, 脫分極, 氣分

*부교감신경 억제제(차단제) *부교감신경은 살인 가스나 농약을 좋아한다

1) 아트로핀(atropa: 생명의 실을 끊는 여신, belladonna 아름다운 여성)

안과 검진 시 산동 목적(동공확대)

*결혼 전에는 두 눈을 뜨고, 결혼 후에는 한 눈을 감아라

GI 경련성 질환 때 장운동 억제

농약 살충제 중독 때 치료

수술 전, 호흡기 분비물(침. 점액) 억제,

수술 중, 심장박동 정상 유지용(강심제)

정상에서 사용하면 심장이 과도하게 뛰다가 심장마비

-처음에는 흥분. 환각, 나중에는 혼수, 체온강하, 부정맥, 호흡마비

2) 스코폴라민(스코폴리 의사가 처음 발견)

-미치광이 풀(scopolia japonica)에서 이름 유래

독성이 강해 잘못 먹으면 미치광이처럼 변한다

눈동자 커지고, 심장 흥분

-멀미 예방(귀미테 팻취), 진정제(복통. 부스코판)

-중추신경계의 아세틸콜린 신경전달물질 억제(항콜린성 작용)

졸음. 현기증. 무감각.

건망. 도취감. 최면. 환각. 불안 초래하므로

의식 소실용으로 사용하는 스코폴라민을 '악마의 숨결'이라 한다

*교감신경 흥분제 -3가지 치료

1) ADHD. 기면증 치료

2) 식욕억제(다이어트) - 식욕억제제 (3가지)

a) 교감신경 활성화 -시상하부 포만중추 자극 -식욕중추 억제

b) Lipase 억제(지방 흡수율 30% 감소)

*orlistant(제니칼) -중추신경 흥분제 아님

c) 호흡곤란 치료제 -각성제 caffeine, theophylline, doxapram

3)호흡곤란 치료

*히스타민

-전구물질(아미노산) -히스티딘(뜻: 조직 histion) *histology(조직학)

-외부에서 침입한 이물질(기생충, 세균, 먼지 등)을 직접 죽일 수 없으므로

염증반응(4대 특징:redness. fever, swelling. pain 붉어지고, 열, 부종. 통증.

炎症(불꽃처럼 열이 나는 증상) *참조: 痛(甬 종처럼 커진다. 부종)

염증물질 사이토카인을 분비: 씻어냄

피부에서는 붉게 부어오르고, 통증(예 : 두드러기)을 일으키고

-점막(눈. 코. 입. 기관지. 위장관)에서는 눈물, 콧물. 기침. 설사 등으로 씻어냄
-외부 적을 방어하기 위해서 내장근육(기관지) 수축 & 위산분비
-면역물질중의 하나. 감각신경의 말단에서 작용
꽃가루 진드기 등 알레르기의 원인에 의해 우리 몸이 특이항체(IgE)를 만들어 비만세포와 결합하여 혈관확장, 콧물, 가려움증을 일으키는 히스타민을 분비하여 면역세포 백혈구 도와줌
-Ach 작용 -뇌 각성. 기억력향상 *항히스타민제=항 콜린성

*항히스탄제(히스타민 분비과다때 치료)
a. 보나링 A -항히스타민제(디멘히드리네이트)
-구토를 유발하는 연수의 구토중추에 작용하여 중추신경 진정
b. 보나링 츄어볼 (디멘히디리네이트 + 스코폴라민 추가)
c. 소보민 시럽(디멘히드리네이트 + B6. B3)

*멀미 약(키미테)과 파스 (제놀쿨), 계속 사용했을 때 부작용?
진정작용이 강한 항히스타민제가 들어있으므로 주의를 요한다
졸림-낙상사고, 맥박증가. 변비, 구강건조, 배뇨장애, 천식
아세틸콜린 작용을 억제 -치매
일반적으로 어깨 등의 질환은 야간에 통증이 더 심하다.
밤에 분비되는 멜라토닌이 염증성 사이토카인을 분비하여 자극하기 때문

*수면제와 수면 유도체
수면제-뇌의 GABA 수용체에 달라붙어 중추신경계의 흥분을 억제(졸피뎀)
수면유도체 -뇌의 잠을 깨게하는 히스타민 수용체에 달라붙어 뇌각성을 억제(디펜히드라민)
-디펜히드라민(드라마민. 항히스타민제) -보나랑 A, 보나링 츄어볼, 소보밀
디멘히드리네이트(디펜히드라민 55%+클로로테오필린 45%)

*피리독신 B6 -생강과 함께 구토 예방
-위점막에서 지각신경 마비-반사성 구토 감소
-트립토판에서 세로토닌 생성, 이때 피리독신이 부족하면 세로토닌 생성 감소

*아미노산 이름 유래
티로신 -오래된 뾰얗게 빛나고 예쁜 치즈 속에서 발견했다고
glycine -맛이 달콤하다고
leucine - 하얀 색이라고
cystine -방광(cystis)에서 발견되었다고

arginine -은빛 색깔이라고
histidine -조직(histion)에서 발견 되었다고 *히스타민 전구물질

*중추신경계 흥분제 - 메탐페타민(메스암페타민, 필로폰. 히로뽕), 코카인, 니코틴
중추신경계 억제제 - 디아제팜. 미다졸람. 모르핀, 헤로인, 코데인, 알코올, 본드
- 불안해소, 수면유도, 간질 완화. 파킨슨 떨림 치료
*치매 환자 흥분하면 -할로페리돌 2.5mg 주사
응급실에서 경련 일어나면 -벤조디아제핀(바리움. 아티반. 로라제팜) 10mg 주사

*

	교감신경	부교감신경
동공. 혈당	동공확대. 혈당 올림	축소. 내림
심장	촉진. 빨리빨리	억제
기관지	이완	수축
침, 소화액 분비	수축(건조). 변비	이완, 편안해야 식사
방광	이완	수축, 편안해야 소변.대변
신경전달물질	Ach & NE	Ach & Ach(아세틸콜린)

-암 환자: 걱정이 심하면 -교감신경 항진(심장 뛰고, 혈압 상승)
고로, 조용한 부교감 신경 환경이 되어야 한다

*인체의 흥분과 억제

흥분 (콜린성) Ach	억제(항콜린성)
1.체성신경의 Ach(아세텔콜린)	수면제(GABA)
2.자율신경의 교감신경	부교감 신경
3.부신 수질의 호르몬 : E & NE	
4.면역. 지방세포의 히스타민(Ach)	항히스타민
5.	미네랄 마그네슘 Mg(항스트레스)
6.스탕달 증후군	

*원자번호 12번, 마그네슘(Mg. magnesium)
뼈에 있는 칼슘(원자번호 20번)이 녹아
핏속의 칼슘농도가 높아지면
칼슘이 혈관 벽에 달라붙어

동맥경화. 뇌경색. 심근경색을 일으키는
혼란에 빠뜨려 사망확률이 높아진다
마그네슘은 칼슘이 뼈 밖으로 빠져나오지 못하게 붙잡아둔다
혈관을 확장 시켜 피를 잘 돌게 한다
사망확률을 감소시킨다

마그네슘이 부족하면 눈이 떨린다
그리스 마그네시아라는 광산 도시에서
처음 채굴되었다고 이름 붙은 마그네슘
피로감. 눈 밑 떨림. 다리통에 쥐. 설사(위경련). 불면증을
해결해주는 '신경안정 미네랄' 또는 '항(抗)스트레스 미네랄' 이며
모든 질병의 '천연해독제' 이다

1) 불을 붙이면 산화마그네슘으로 변하여
   매우 밝은 백색광을 내므로 섬광탄에 이용한다
2) 지구상에서 8번째로 많은 원소로 광석. 바닷물에서 얻을 수 있다
3) 탄수화물(밥) 대사에서 포도당으로 분해해서 에너지 공급을 해주므로
   당뇨병을 예방해주고
4) 칼슘이 혈액에 녹을 수 있게 돕고, 뼈에서 칼슘이 빠져
   나오는 것을 막아주므로 (불쏘시개 역할)
   세포 내 칼슘 량이 과도할 때 생기는 편두통. 불안감을 막아준다
5) 부작용으로 설사가 생기는데,
   사람들은 이걸 역이용해서 변비 예방에 사용 한다네
6)하루 필요량 3050세대에 300~500mg이다

*징기스 칸(汗) 과 간(肝)
뛰어난 사람(卓) 일수록 城 밖의 방어망을
干干干干干 모양으로 목책(干 철조망)을 잘 쌓는다
목책(干)을 쌓는 뛰어난(卓) 사람(人)을 '줄기 간(幹)'이라 하며
회사에서는 主幹(주간). 幹事(간사). 幹部(간부)가 중심에 있다
干을 두 눈으로 잘 지켜야 平(干 + 丶丶)和가 온다
우리의 몸(月)에는 방어역할을 잘하는 肝(간 간)이 있고,
腦에는 腦幹(뇌간. 뇌줄기. brain stem)이 있다
줄기(幹)세포(stem cell. 幹細胞)의 '幹'

성 주변에 쌓은 목책은(干) 해(日)를 가릴 수 없어(旱 가뭄 한)
많은 땀(汗 땀 한. 汗腺 한선)을 흘렸던 몽골 대제국의
징기스칸(Gingiz Khan. 두목. 汗. 몽골語 칸 Khan)이 생각난다
목마른 혀(舌)에 물(氵)을 치면 펄펄뛰는 活(살 활)이 되고
메마른 뼈(骨)엘 물(氵)을 치면
윤기 나는 滑(미끄러울 활)이 된다(活走路)

몽골군이 음식을 빨리 먹기 위해 투구를 벗어
불 위에 걸고 물을 끓인 후 얇게 썬 양고기와 야채 등을
데쳐 먹었다는 징기스칸(汗) 요리에
일본인들은 물(氵)치는 소리를 입혀
맛있는 샤브샤브(살짝살짝, 찰랑찰랑)를 만들었다
＊시민들의 피로를 풀어주는 한증탕(汗蒸湯)의 汗
＊幹(간)과 비슷한 글자에 '하늘 건(乾)'이 있다
'뛰어날 탁(卓)'과 새(乙)는 사람에게(人) 먹이 구걸을 잘한다는
'乞(빌 걸)'의 합자이다
날씨가 좋은 날(卓)에는 구걸이 잘 된다
간(乾)짜장을 빌어(乞)먹기에 딱 좋은(卓) 날씨다

구걸(乞)이 잘 되는 날씨는
건조가 잘되는 날씨이기도 하므로
'하늘 건(乾)'을 '마를 건. 마를 간. 헛되다 건. 건성건성 건'
이라고도 한다
인생이 풍요롭지 않고 너무 메말라지고 하늘처럼 텅 비면,
하늘에 빌어야(乞) 된다는 뜻도 품고 있다

＊乾자와 비슷한 '한국 한(韓)'은
빛나는 가죽(韋)처럼 '뛰어난(卓) 나라' 또는
태양이 비추는 아침의 나라

韋(어긋날 위. 가죽 위) -구역(口)에서
위쪽 왼발과 아래쪽 오른발이 서로 반대로 간다(어긋남)
-皮 :털 달린 가죽
-털 없이 깨끗하고(가죽 혁. 革) 어긋나는 발처럼
부들부들 움직이는 옷감 같다고 '가죽 위' 라고도 한다

-가죽(韋)을 빙 둘러 못을 박은 모양

違(어긋날 위) 어긋나게 간다(⊠). 違反(위반)

偉(클 위)- 삶의 성품이나 능력이 성(口)의 둘레만큼 크다

(훌륭하다. 위대하다)

가죽을 입은 사람이니 '위대하다, 크다'

衛(호위할 위, 지킬 위) -빙빙 돌며(韋) 다니다(行)

*참조

乾性(건성) -쉽게 마르는 성질

乾杯(건배) -잔 비우기

乾魚物(건어물). 乾燥(건조) 乾癬(건선. 마른버짐).

간(乾)짜장. 乾빵. 깐풍기(건팽계 乾烹鷄)

乾坤一擲(건곤일척)

-천하를 걸고 한번 던져 승패를 겨룬다(하늘 건, 땅 곤, 한 일, 던질 척)

氶(받들 승) ㄱ+水 기역 자로 구부러진 물을 바로 잡다. 받들다. 구원하다

丞(도울 승. 정승 승) -구부러진 물처럼 삐뚤어진 한사람(一)을

구원하기(氶) 위해 도와준다. 돕다

承(이을 승) -손(手)으로 받들다. 잇다. 이어지다

蒸(찔 증) 풀(艹)의 껍질을 벗기는 것을 돕기(丞) 위해 삶다(灬). 찌다

2) 70세 이후에는

70세 이후에는 공자님 말씀대로
종놈(從心)으로 살아야 한다
황희(黃喜) 정승의 '네 말이 맞다'
조주(趙州) 선사의 '차나 한잔 들고 가시게(喫茶去 끽다거)'처럼
生을 가볍게 건너가야 한다
망념 망상을 버리고 본래 청정한 우리의 마음으로
돌아가야 한다(平常心是道)

공자님은 70에 從心이라 했고,
예수님은 너희 중에 누구든지 으뜸이 되고자 하는 자는
모든 사람의 從(노예. 슬레이브)이 되어라(마가 10:44)
라고 말씀 하셨느니라
天命을 기다리면서(盡人事待天命)
從(섬김), 정말 좋은 것이여

*종놈(從)
*同行(임마누엘)이 아니라, 앞사람을 따라가는 從(=彳+人+人+止)

*참조: 喫(음료를 마실 끽, 음식을 먹을 끽. 담배를 피울 끽)
喫(끽)=口+契(계), 입(口)이 관계를 맺은(契) 것을 먹다
滿喫(만끽)

사람들은
-칼(刀)로 목판에 예쁘게(丯) 무늬를 새겨서 인간관계를
크게(大) 맺어본다(契(맺을 계)=丯(예쁠 봉)+刀(칼 도)+大
곗(契)돈. 계(契)모임

실(糸)을 싸서(勹) 매듭(丶)을 만드는 약속(約束)도 해본다

(約 약속할 약, 맺을 약)

素=主+糸 -주님(예수님)의 실은 흰색. 緣=돼지의 실

緣(인연 연) 젊은들 열쇠로, 結草報恩(결초보은). 同心(동심)초

＊天命(하늘의 소리)은 기다리지만, 耳鳴은 보통 사람들에게는 고통이다

＊耳鳴(이명)

졸졸졸 시냇물 소리가 아름답다
흐르는 물이 돌들과 부딪쳐 나는 소리이다
이명이지만 아름답다
이 소리가 싫다고 계곡의 돌을 치우면
물이 빨리빨리 흐르면서 소리가 없어진다
혈관에 생기는 돌(石 핏덩이)들도(동맥경화증. 나쁜 콜레스테롤 LDL)
혈류를 빨리빨리 하면 사라진다
오후 공복 시에 해독제 레몬즙 한잔 마시고 운동을 하면
혈류가 빨리빨리 빨라지니 이 얼마나 좋은 일인가
걸음걸이는 빠를수록 장수하고(6.6km 시속), 이명이 사라진다
＊젊은이들처럼 일상생활이 바쁘면 이명이 없다
하는 일 없이 빈둥거리고, 바보처럼 멍 때리면 이명이 나타날 수 있다

＊기타는 줄이 팽팽해야 소리가 나는 것처럼
스트레스가 심해서 신경 줄이 팽팽해도 소리(이명)가 생길 수 있다
＊멍해도 이명, 너무 팽팽해도 이명, 어쩌란 말이냐?

＊이명 치료법 - 韓方에서 귓불, 이문혈, 예풍혈, 청궁혈, 청회혈을 문지르면
한방으로 치료된다고 하지만, 사실은 어렵다(十伐之木)*참조: 召天
귀 신경뿐만 아니라, 목 전체의 신경이 원인이기 때문이다
翳風穴(예풍혈, 가릴 예, 아픈 사람을 가려 숨겨준다)
-귓 볼 뒤 움푹 들어간 곳으로 풍사가 들어오는 것을 가려주는 혈
聽宮穴(청궁혈)-음성을 똑바로 듣는 장소(宮)
聽會穴(청회혈) -귓병이 생기는 사기(邪氣. 나쁜 기운)가 모이는 곳

＊남성들이 여성보다 빠른 이유 - 발 빠른 동물들을 사냥하는 DNA 때문
하나님의 말씀도 남성 예언자들이 더 빨리 듣는다.
여성들은 집안에서 과일과 채소를 채취하고 맛과 영양은 충분한지,
위험한 독성이 있는지 관찰하는 느린 행동의 DNA를 갖고 있다.
백화점 쇼핑을 해보면 남녀의 차이를 알 수 있다.

*3억 1) 빛의 속도 1초에 3억 m

2) 신장 - 암매시장 3억 원

3) 남성 정자 방출 3억 개

*사전 연명의료의향서에서도 물을 빼지 않는 이유

존엄하게 죽을 권리 -심폐소생술. 혈액투석. 인공호흡기 착용.

항암제 투여. 수혈 등 중단

단, 수분과 영양은 강제 중단이 안 됨

물이 흘러야 졸졸졸 神의 소리(이명)를 들을 수 있다

3) 김삿갓의 烹(팽)팽팽팽 - 피곤

허구 많은 문자 중에 하필이면 '烹'자란 말이요
아까도 '烹'자가 어려웠는데 또 '팽'자란 말이오
하룻밤 자고 가는 일이 오직 '팽'자에 달려 있구나
산골 훈장이 아는 글자라곤 오직 '팽'자 하나 뿐이더냐

골반(pelvis) 뒤쪽의 신성한 엉치 뼈(천골 薦骨. 薦椎)를
신성하다고(sacred) sacrum 이란 이름을 지어주었는데
사람들이 아는 글자라곤 오직 허리와 목만 重要 하다고
요령(要領, 목과 허리)을 피우면서
받들고 천거(薦擧)하라는
薦椎(천추)의 薦을 千秋의 恨으로 팽 시킨 거 아닌가?

*許多韻字何呼烹(허다운자하호팽)
彼烹有難況此烹(피팽유난황차팽)
一夜宿寢懸於烹(일야숙침현어팽)

*나이 들고 보니
내 몸이 아는 글자는
오직 '疲困' 字 뿐이네
세월에 팽(烹) 당했네

疲困 -피곤할 피(疲=병들어 기댈 녁 疒 + 皮)
겉모습(皮)이 병(疒)들어 꺼칠꺼칠 하고 탄력이 없음
-곤란할 곤(困=口+木) - 담장으로 둘러쌓인 나무
fatigue=fati(깨지다. 분열하다+ gue 강조) 뻗어뿌러, 뻗어버렸다
-tire 달리는 타이어처럼 닳는다. 피곤에 지친다

amor(사랑) fati(운명) -운명을 사랑하라
fatigue pants - 노동 잡역의 의미. 잡일할 때 입는 바지(군복)
- 제빵사들이 편안하게 입었다고 Baker pants 라고도 함
burn(태우다) out syndrome. 번 아웃 증후군, 연소 증후군, 탈진 증후군
疲勞(피로) tiredness. fatigue. exhaustion
兎死拘烹(토사구팽)-토끼를 잡고 나니 사냥개를 삶는다

*성인병, 누가 제일 나쁜가?
1) 당뇨병 - 흡연(모세혈관 축소-포도당 세포이동 장애). 과로(피곤)
2) 고혈압. 비만 -음주. 스트레스
3) 고지혈증(뇌졸중) - 수면장애

*sacrum(천추. 엉치 뼈)의 어원 -신성하다는 뜻의 sacred, 거룩한 뼈
-땅에 시체를 묻었을 때 가장 늦게 썩으며, 부활할 때는 이 뼈가 중심이 되어 재조합된다(에스겔 37:6~11)
*薦(천거할 천, 드릴 천)=++ +鹿(사슴 녹) +鳥,
사슴의 뿔과 몸통, 새의 날개와 발 등 장점을 고루 갖춘 사람을 천거하다
사람들이 먹는 것이 까다로운 해태(치廌, 해치)에게 공손하게 받쳐 들던 풀.
推薦(추천), 公薦(공천), 薦度齊(천도제)
*엉치 반점 -엉치 뼈 근처에 있는 몽골 반점.
*꼬리뼈(coccyx) 尾椎(미추). 미골 - 척추의 가장 마지막 척추 뼈
어원; 뻐꾸기(cuckoo. 그리스어 kokkyx). 꼬리뼈의 옆모습이 뻐꾸기 굽은 부리 닮았다고
*천추의 椎(쇠몽둥이 추. 몽치 추)=木+隹, 새의 몸에서 나무처럼 딱딱한 척추
*脊(등골마루 척, 등골뼈, 등성마루, 어지럽다)
사람 몸(月)에 가지런히 양쪽에 있는 뼈 人+二+二+月
*골반(pelvis. gluteus 볼기=臀部 둔부=곤장 또는 주사 맞는 부위)의 뼈(hip bone)
- 3개(亼)
1) 엉덩뼈(장골,ilium) -볼기 윗부분 *엉치뼈(허리뼈와 꼬리뼈 사이)
2) 궁둥뼈(ischium) -볼기 아랫부분, 앉으면 바닥(지면)에 닿는 부분
3) 두덩뼈(치골,pubis) *눈두덩
골반에 있는 관절 - 고관절=엉덩 관절 hip joint
엉덩이 관절의 오목면 -acetabulum= acetum 식초+alulum 작은 잔
=식초 잔=식초병=절구 節臼 =髀臼 비구(넓적다리 비, 절구 구)
*亼(삼합 집) - 集의 변형. 集(모을 집) -새(隹)가 나무(木) 위로 모여든다

* 근육주사 부위 -엉덩이(둔부 4등분해서 상부외측)

-어깨 삼각근(백신 맞는 부위), 아크로미온(어깨 봉우리) 아래

acromion = akros 가장 높은 + omos 어깨, 견갑골(scapula)의 바깥쪽 돌기

acropolis = acro 높은 + polis 도시. 아테네 도시의 神殿을 모신 높은 언덕

肩(어깨 견) -지게(戶 지게 호)를 질 때 우리 몸(月)이 맞닿는 신체부위

* 리거즈(regurge)-역류하다. 주사기 내관을 뒤로 당겨 피가 나오는지 확인하는 행위

4) 萬事亨通(만사형통)

높은(高) 곳 제사상에 羊(了)을 높게 쌓아 올려
번제(烹)를 드리면
만사형통하므로
자식들(享)까지 즐거움을 누린다네(享樂)

亨(형통할 형)의 了(마칠 료)는 '마치다'라는 뜻이지만
그 모양은 羊의 변형이다
烹(삶을 팽)은 삶은 양고기
＊兎死狗烹(토사구팽) 토끼가 죽으면 개를 삶는다
享(누릴 향. 제사드릴 향)의 子는 여러 마리 양을 나무 꼬챙이(一)에 끼워
제사를 드리면 자(子)식들 까지 복을 누린다
烹(삶을 팽)=亨(형통할 형)=享(누릴 향)의 공통점은
神은 높은 곳(高= 亠+口)에 살아야 하기 때문에
위패를 모신 사당(높은 신전. 건축물) 역시 높아야(高) 한다
神을 위해 제물(높은 곳에 삶은 양고기 烹)를 올리고
제사를 마쳐야(了 마칠 료) 한다
제사를 잘 모시면 만사가 亨通(형통)한다
인간이 神처럼 높은 곳에 살면 정신질환자. 우울증. 조현병. 야뇨증
등이 생기고, 남을 도와주는 의지가 약해지고, 자살률이 높아진다
＊제사를 지내는 이유.
귀신은 가족이 얼마나 화목하게 사느냐 확인
후손들은 만사형통을 위해서
＊명당을 찾는 이유 - 彼安則此安說(피안즉차안설)
조상이 편하면, 후손이 편하다
彼(저쪽 피) - 가죽이 천천히 바깥쪽으로 벗겨 나간다(彳) -먼 곳, 조상
此(이쪽 차) - 발(止)로 사람(匕)이 딛고 있는 '이 곳'
＊양고기(염소탕)를 먹는 이유
만사형통(亨)하려고, 자식들까지 복을 받으려고(享)- 享樂(향락)
＊平和의 '平은' 城을 잘 지키기 위해 목축으로 방어망을 쌓고(干),
두 눈을(丶 丶) 부릅뜨고(平) 平和를 지키라는 뜻이다
＊토끼처럼 행복하세요

5) 素望과 성경의 所望 - 하얀 코끼리

성경에 나오는 사랑(love), 소망(hope), 믿음(belief)의
所望(소망)은 인내 후, 100% 바라는 바람이다.
所자에 도끼(斤)가 들어있지 않는가?
祈禱(기도)의 도끼(斤)를 보아라

素望(소망)은 평소의 희망. 소박한 바람이다
素(흴 소. 본디 소)는
누에고치에서 풀어낸 실(糸)은 본디 명주실의 재료이며
아무런 빛깔이나 무니가 없는 실로 짠 비단이다
돼지(豕)의 연(緣)에서 실(糸)을 찾지 말고
주님(主)의 실(糸)에서 素望을 찾아라(素=主+糸)

希望은 어떤 일을 이루거나 얻고자 기대하는 바람이고
素願은 본디의 바람. 평소의 바람이다
所願은 원하는바 바람(원함)이고
꿈은 마음속의 바람이나 이상으로
이루어지기 힘든 덧없는 바람이나 희망이다

환난은 인내를, 인내는 연단을, 연단은 所望을 이룬다(로마서 27)
결국, 인내라는 실천적 고난을 통해 所望을 이룰 수 있다
소망 속에는 역설적인 기쁨이 있으므로
환난은 환상이 아니라 하나님의 vision 이며 하나님의 미래상이다

*하얀 코끼리 - 고대 동남아에서 신성한 존재였지만, 키우는데

많은 비용 때문에 마음에 들지 않는 신하에게
하사했다는 설화
- 유지비만 많이 들고 쓸모가 없는 경기장 시설
*검은 코끼리(Black elephant. 검은 백조+ 방안의 코끼리)
백조가 검은색이 될 확률이 매우 낮은 것처럼
만약에 코끼리(환경문제. 기후변화)가 방안에 들어왔다면
엄청난 결과를 초래할 것이 뻔하다.

'소금'은 순수 우리말이지만, 누군가 장난끼 발동
素金(하얀 금), 小金(작은 금) 이라고

*牙(어금니 아)=匚(감출 혜)+ 亅(갈고리 궐) +丿(삐침 별)
감춰진(匚) 입속에 걸려(亅) 있으면서 밖으로 뻗쳐 나온(丿)
코끼리의 어금니인 상아처럼 뾰족한 송곳니
*邪(간사할 사, 사악할 사)
-어금니에 낀 백성(阝)의 입장을 생각하지 않고 어금니를 사용해서
물어뜯는다면 대형 참사, 사악한, 감기(邪氣 사기)의 원인이 될 수 있다

所(~하는 바, 바라다) -사실로 정해져 있는 일. 장소. 때
=戶+斤=집 도끼를 들고 집 주위를 막는 장소. 곳
- 所望은 지게에 도끼를 얹고 산에 가서 나무 한짐 가득 짊어지고
내려오는 일은 이미 정해진 일(100% 성취 확신 보장)
- 한편 希望은 그 가능성이 희박하여 산에 올라가 봤자 소용없지
않을까 불안하고 초조한 생각

所定의 기념품 -규정에 따라, 정한 바(所)에 따라
방송국에서(장소) 기념품을 준다
*장소: 處(광범위한 추상), 所(구체적이고 좁은)

望 바랄 망, 보름 망. 기대하다. 그리워하다
亡+月+壬 - 찌그러진(亡) 달(月)이 임신(壬)했다
장차 보름달이 된다(기대한다)
*望月洞 -달이 잘 보이는 동네, 달을 먼저 바라보는 마을
*祈禱(기도)는 인내라는 실천적 고난을 통해 所望해야 한다.
어느 놈팽이처럼 '하나님 10만 불만 주시면 꼭 11조를 내겠습니다.

제 말을 못 믿으신다면 미리 1만 불은 떼시고 9만 불만 주세요'라고 기도하면, 천고마비(하늘에 고약한 짓을 하면 온몸이 마비된다)라는 벌을 받는다.

골프장에서 천고마비 -천천히 고개를 숙이고 마음을 비워야

(이정남 박사 저,『내 마음 오솔길을 따라』 중에서)

*북한의 천고마비 -한국을 향해서 북한이 하늘에 미사일 쏘면

온 몸이 현무로 마비된다

玄武-검은 거북 미사일 black tortoise missile, 검을 현, 굳셀 무

동서남북의 四神 -동(청룡), 서(백호), 남(주작), 북(현무=거북이+뱀 모양)

turtle -바다나 물에서 사는 거북이,

거북이 목처럼 목 부분이 올라온 옷(터틀넥 turtle neck)

tortoise(토터스) -육지 거북이

武(굳셀 무. 戈의 변형+止) -전쟁(戈)을 정지(止) 시킬 수 있어야 진정한 武

天高馬肥(천고마비) -하늘은 높고 말이 살찐다.

풍성한 가을이 오면, 북방 흉노가 겨울동안의 양식을 마련하려고 침입

肥(살찔 비)=月+巴, 무릎 꿇은 사람의 살이 통통한 허벅지. 肥滿(비만)

*鍊鍛(연단) -쇠붙이를 불에 달군 후 두드려서 단단하게 함

- 몸과 마음을 굳세게 함 *연단=단련

鍊(단련할 연. 불릴 련)=金+柬(가릴 간. 장작더미를 묶어 논 모습)

불붙은 장작더미에 쇠붙이를 달굼질 *鍊金術

鍛(쇠 불릴 단)=金+段(조각 단) -쇠를 두드려 얇은 조각(段)을 만든다

두드려 쇠를 불려서 확장하다

*백번 노력하는 것을 鍛(단), 천번 노력하는 것을 鍊(연)

*修鍊(수련)하다(O) -닦아서 단련하다

修練(수련)하다(x) -닦고 배우다. 익히다

-단련(鍛鍊)한다는 것은 이미 있는 것을 강하게 만든다는 뜻

-배우고 익히는 것(練)은 세상사에 필요하지만, 참 나를 만들지는 못한다

6) 황홀경(恍惚境)

마음을 움직이지 않게 한 곳에 모아 평정을 유지하는
삼매경(三昧境, 불교 산스크리스어 '쌈마디=삼매' 음역),
무아지경(無我之境),
법열(法悅), 은총(恩寵), 신 내림
정신을 한가지로 하면 무슨 일이든 이루어진다는
精神一到何事不成(정신일도하사불성) 등
사람들은 영혼이 육체를 떠나서
밖에 선다는 엑스터시(ecstasy),
자기를 잃어버리고 망아(忘我) 상태가 되어
황홀경에 빠져보고 싶을 때가 있다

통증으로 고생하는 환자들은 더욱 그걸 바란다
환자들은 어려운 정신훈련보다는
펜타닐(모르핀의 200배)이라는 마약 진통제를
사용하는 것을 더 좋아한다
그런데 육신이 말짱한 젊은이들이
황홀경에 빠지려고 먹는 경우가 있는데
마음을 파괴시키는 마약이므로 안타까울 뿐이다

7번씩 70번을 용서 받았음을 깨닫고
일곱 번을 일흔 번까지 용서해주라는
예수님 말씀을 잘 따르면 그 보답으로
마약, 도박 등을 하지 않고도
자신이 하는 일, 음악, 스포츠, 명상, 독서 등

삼매경에 빠지면
마음도 다치지 않고
오르가슴의 70배가 되는 환희와 쾌감을 주시는
황홀경에 빠지리라

*昧(새벽 매, 어두울 매) 日+未(아닐 미)
-해(日)가 아직 뜨지 아니한(未)
-사리에 어둡다. 멍청하다
*寵(사랑할 총) 집안에(宀) 임금(龍)이 있는 모습.
임금의 은혜. 사랑하다
*聾(농) -용은 귀가 없으므로 귀로 들을 수 없고, 뿔로 소리를 듣는다
*惚(황홀할 홀) =忄+忽(갑자기 홀). 마음이 갑자기 황홀하다
忽=하지말자(勿) 는 생각이 '갑자기(忽)' 떠오른다
*恍(멍할 황)-형이 정신을 못 차리고 얼떨떨, 어슴프레 당황하다

*진통제 종류
1) 마약성 진통제, Opioid(아편계)analgesic, 마약성 진통제(narcotic)
-모르핀, 코데인, 페치딘(pethidine. 페티딘. 데메롤. 메페리딘),
펜타닐(fentanyl)
2) 비마약성 진통제(non-narcotic analgesic)
-아스피린, 타이레놀, 이부프로펜
*narcotic(마약), 어원: 그리스어 narko. narkoticos 마비시키다. 무감각. 혼미
analgesic(鎭痛 진통)=an(없는)+algesia(고통), neuralgia(신경통)=neur+algia
*鎭痛劑
眞(참 진)-匕+目+ㄴ+八 비수(匕)로 위협하고 나누어(八) 숨겨도(ㄴ)
눈(目)은 진리를 바로 본다
鎭(진압할 진)-한자는 청동기(구리) 시대에 만들어졌다. 이 후 철기(金)시대로
넘어오면서 철을 소유한 종족이 구리 종족을 진압할 수 있었다
嗔(성낼 진) -입을 크게 벌리고 진실이라고 우긴다. 嗔心
愼(삼갈 신) -진실한 인생을 살려면 마음(忄)을 삼가 조심해야한다. 愼重. 勤愼
痛(아풀 통)=疒 +甬(길 용. 종의 꼭지와 몸통을 본뜬 글자)
-병이 들면 다친 곳이 종처럼 붓고 아프다
염증(炎症 inflammation) =to set on fire 타다,

4대 특징 - swelling(浮腫). pain(痛症). red, fever

浮(뜰 부) -손으로 새끼를 물위로 들어 올리다

inflation & inflammation -부풀어졌다. 가치가 없다

*프로스타글란딘(prostaglandine -통증 전달물질

-염증과 통증을 유발한다

-이 물질을 억제하여 통증을 완화 시키는 것이 파스

-최초 정액에서 발견되었다고 명명했으나 사실은 신체 모든 세포막에서 분비

-前立腺(전립선)-방광 앞에(pro) 서있는(state) 분비선(gland) prostate

-밤톨모양이며, 밤꽃냄새를 풍긴다

-인체의 질병은 아파야 회복한다

7) 항생제

항생제의 抗(막을 항)은
扌+亢(목 항. 亠 머리 두 + 几 안석 궤)의 합자로
머리(亠)를 받치고 있는 것(几)은 목(亢),
손(扌)으로 숨통(亢)을 막는다(抗)는 뜻이다
항생제(抗生劑)란
對抗(대항)하고, 反抗(반항)하는
살아있는 세균의 숨통을 손으로 비틀어 버리는 약이란다

*反(돌이킬 반)=厂+又(또 우) -뒤집다. 배반하다. 돌아오다
厂(기슭 엄) -기슭. 언덕. 무언가는 덮는 모양. 손바닥을 뒤집는 모양

8) 좋은 바이러스, 박테리오-파지 phage

코로나 때문에 바이러스들이 온통 비난 투성이다
좋은 바이러스인 박테리오파지 역시
비난의 고통 속에 밤을 지새운다

먼 옛날
어느 별에서
세상에
내가 나올 때
사랑을
주고 오라는
하나님 음성을 들었지

사랑을
할 때만 피는 꽃
백만 송이
피워 오라는
진실한
사랑을 할 때만
피어나는 사랑의 장미
미워하는 미워하는 미워하는 마음 없이
아낌없이
사랑을 주기만 할 때
백만 송이 백만 송이
꽃은 피고

아름다운 내 별나라로 갈 수 있다네

심수봉의 백만 송이 장미꽃 노래를 불러본다
박테리오파지가 눈물을 글썽인다
인간을 해치는 나쁜 세균을 잡아먹는
인간을 사랑하는 바이러스가 되려고 지구별에 왔는데
코로나 바이러스 때문에 오해받는 것이 우울하다

바이러스는 홀로 살 수가 없다
동물. 식물. 세균 등
남의 집에서(숙주) 전세로 살아야 한다(기생한다)
바이러스가 세균을 숙주로 할 때
'박테리오 파지(포식자)'라 한다
박테리오파지 바이러스는 증식 후
집주인(숙주) 세균을 죽이므로
사람들은 이와 같이 세균을 잡아먹는 바이러스를 배양하여
페니실린 같은 항생제에 내성이 생긴
슈퍼박테리아를 죽이는
천연항생제(살균제. 파지 세라피)로 사용한다

코로나에 걸려 면역시스템이 붕괴되어
2차 감염으로 사망하는(50%) 것을 예방하기도 한다

지카 바이러스는 뇌의 내피세포를 뚫고 들어가
신경줄기세포를 공격하기 때문에
임신부가 감염될 경우 태아의 뇌가 제대로
발달되지 못하는 '소두증(小頭症. microcephaly)'에 걸린다

거꾸로 뇌를 공격하는 지카 바이러스의 재주를 이용해서
악성뇌종양인 교모세포종세포를 죽이는
뇌종양 치료에 이용한다

다른 한편으로 식품에서는 식중독 저감화를 하기 위해서
가열. 초고압. 감마선. 방사선사용 대신 박테리오파지를 이용해서
식품 보존기능을 높이고, 식품유통기한을 연장(닭고기. 신선채소)하고
가축질병을 예방하면서
인간을 진실로 사랑하는
좋은 바이러스도 존재한다는 것을 널리 알리고 싶다

*파지 뜻: 먹는다(포식자)
박테리오 파지(세균 바이러스. 세균을 먹는 바이러스)
*항생제 - 병원성 미생물(세균)과 유익한 미생물 모두 죽인다
파지 -병원성 미생물만 죽인다
-여러 번 투여하는 항생제와 달리, 한번만 주입하면
스스로 복제하며 번식
-유전자 가위를 이용하여 원하는 특정 파지를 만든 다음,
항생제 내성을 가진 세균만을 살해한다
宿主 잠잘 숙. 잠자다. 오래 묵다
宿所 -잠자며 머물러 묵는 곳
宿題 -오랜기간 두고 생각할 문제
宿食 -자고 먹는다
宿泊(머무를 박)
宿命 -태어날때부터 타고난 운명
宿直 -잠자며 지는 사람
지카(zika)- 우간다의 지카 숲에서 살던 붉은털 원숭이에서 발견
모기에 의해서 옮겨지는 감염병
*참조: 천연 항생제 : 은교산

*내 몸의 원소 재료는 멀리 있는 별에서 왔다
100종의 원자(원소) 가운데 생명체를 구성하는 원자는 CHON 뿐이다

CHON(탄소. 수소. 산소. 질소)을 제외한 원소를 무기질(미네랄)이라 한다
원자와 원소 차이점 -사과5개, 배 5개라면, 원자(총 숫자10개) 원소(종류 2개)
사람의 몸 구성: 산소 65%, 탄소 18.5%, 수소 9.5%, 질소 32.2%
칼슘 1.5%, 인 1%. 이산화탄소 0.04%
공기의 구성 -질소 78%, 산소 21%, 기타 1%(아르곤 0.9%, 이산화탄소 0.04%)
물(H2O)=H 9.5% + O 65% =인체에서 물 50~70%
생명체 구성 -물
유기물-탄소포함 물질(단백질. 탄수화물, 지방) CHON
무기질(체내의 여러 생식기능을 조절. 유지) -칼슘. 철분 등

*有機(있을 유. 틀 기)
機械(기계)가 있다(有)
어떤 기계(機)?
생활 기능(생명력, 생명체)이 있게 하는 기계로
일본의 有機, 서양의 organ(탄소화합물), 한국의 장작불 아궁이(에너지)라고 한다
생명체의 몸을 구성하는 물질에는 유기물과 무기물이 있다
유기물과 무기물 비교 - 태워본다(가열)
-무기물: 타지 않고, 변화 없음. 고로, 에너지를 만들지 못함
반드시 식품을 통하여 섭취해야 함(생명체에서 생성 안 됨)
(예)불에 타지 않는 물질-물. 모래. 석회. 소금. 철. 구리
-유기물: 생명체로부터 생성됨
연기내고 검게 타고, 이산화탄소(CO2) 발생과 재(C 탄소)를 남긴다
(예)탄수화물. 단백질. 지방. 비타민. 모든 연료
*灰(재 회) - 손(𠂇)에 막대기를 잡고 남은 불씨(火)를 또닥거리는 타고 남은 재
炭(숯 탄) - 山의 벼랑(厂)아래에서 불을 붙여 타고 남은 재. 숯
-탄소가 기반인 석탄 석유와 같은 화석연료를 태웠을 때
많이 나오는 재라고 원소이름이 '탄소'
*유기물(活 活 + 炭 炭)
-베틀처럼(오르간처럼, 아궁이 장작불 처럼) 살아있는 생명체
+ 불(火)에 검게 타고, 탄소(재)를 남긴다
탄소 원자를 남기는 물질(탄소화합물)을 유기화학,
그 외는 무기화학이라 한다.
*초기에는 생명체만이 유기물을 만든다고 생각
-지금: 무기물로부터도 유기물을 만들 수 있다
-현대-유기물은 탄소와 수소를 포함한 물질을 말한다

*organ(도구. 기관. 조직. 오르간. 풍금)
-건반과 페달을 눌러 파이프를 울려 내는 모양이 마치
살아있는 탄소로 구성된 생명체처럼 보인다고
organism(탄소화합물)이라는 이름을 붙였다.

*공기 중에 0.04% 분포된 이산화탄소(CO2)가 왜 대기오염의 주범?
탄소(炭素)원자들은
공기 중에 이산화탄소 형태로 떠돌아다니다가
식물의 잎사귀나 세균의 몸으로 들어가면서
탄소 홀로 떨어져 나와
다른 원자들과 자유로운 사랑(광합성)을 한 다음
탄수화물로 변신해서
단백질과 지방의 재료로 활용되어
생물의 몸이 된다(탄소 고정. 우리 몸에 들어와 18.5%를 차지한다)
생명활동을 마치면(죽으면)
다시 원고향의 본처인 이산화탄소로 돌아간다
이렇게 소중한 이산화탄소를 대기오염의 주범이라고?

*심장에서도 전신을 돌아온 피가 CO2 쓰레기를 수거하고 우심방으로 돌아온 다음 호흡을 통해서 대기 중으로 배출한다

*탄소(C)는 암 치료에도 아주 효과적이다
중입자(重粒子)치료(Particle therapy)
탄소 원자를 빛의 속도에 가깝게 가속한 뒤, 치료기를 통해 암세포에
2분간 빛을 쪼임.(초기 폐암 1회, 간암 2회. 전립선암 등 고형암)*혈액암 제외
-췌장암. 폐암. 간암의 생존율: 2배 이상 치료 효과
무겁다는 뜻의 중입자(Baryon 바리온)는 3개의 쿼크로 구성되어 있고
종류에는 가벼운 양성자와 중성자가 있다.

*주기율표

1족 +1	2 +2	13 +3	14 + - 4	15 -3	16 -2	17 -1	18 0 총 18족 8족으로
H 수소 ----- 수소를 제외하고 1족은 알카리 금속 (폭발성) 광화문 촛불집회	알카리 토금속	토금속				할로젠 원소	He ---- 헬륨 결합안함 비활성 기체족
Li 리튬	Be 베릴륨	B 붕소	C 탄소	N 질소	O 산소	F 플루오린	Ne 네온
Na 소금	Mg 마그네슘	Al 알루미늄	Si 규소	P 인	S 황	Cl 염소	Ar 아르곤
K 포타슘	Ca 칼슘						
세로: 수리나 칼루세 *수리남	세로: 베마칼	세로: 붕알				세로: 플 염소	세로: 네아르

*흐흠(H He)

리베(사랑하는) 비키니 옷풀렸네(Li Be B C N O F Ne)

나만 알지 펩시콜라 (Na Mg Al Si P S Cl Ar)　크크(K Ca)

*Ich liebe dich (독일어) 나는 너를 사랑해 lieve 리베 (Li Be)

금속노조(좌측 1~3족의 Li~Al 까지. H. B 제외)　준금속(B. Si).

비금속노조(나머지 우측)

버릴 놈(베릴륨)은 중성자를 잘 튕겨서 핵분열을 부채질하고

붕소는 중성자를 잘 흡수해서 핵분열을 줄여준다.

일본 원자력 사고 때, 우리나라에서 일본에 붕소를 보낸 이유
가로는 18주기이지만 , 간단하게 성질에 따라 8주기로 재분류 -1.2.13.14. ----
한 것을 '단주기율표' 라 한다
*1족은 기체인 수소를 제외하곤, 물과 격렬하게 반응하여(수산화나트륨, 수산화칼륨) 알칼리를 형성하므로 알칼리성 금속이라 한다.

*생명체 사슬 : 쿼크 -양자. 중성자 -원자핵. 전자 -원자-분자-세포-생명체
물리학: 쿼크가 조합하여 양자와 중성자를 만들고
양성자와 중성자가 조합하여 핵자(92가지 핵)를 만든다
원자핵과 전자가 조합하여 원자를 만든다
화학: 원자들의 조합으로 분자를 만든다
생화학: 분자들의 조합으로 세포를 만든다
생물학: 세포들의 조합으로 생명체를 만든다

*有산소 운동
-평소보다 산소 소비량이 더 필요한 운동: 조깅. 수영. 에어로빅, 줄넘기
*無산소 운동
-평소보다 산소 소비량이 적거나, 호흡을 참는 경우
-짧은 거리를 달리거나,
무거운 물체를 들기 위해 호흡을 참는 운동: 역기. 아령. 턱걸이

*별, star, ester 또는 aster(히브리어), stareh(스타레. 페르시아어)
- 나침판이 없던 옛날 항해할 때 북극성을 보고 방향을 잡았는데
구름. 비 등으로 별이 보이지 않으면(disaster) 그야말로 재앙(災殃. 災難)이다
dis(없다. 사라지다) + aster(별)
災(재앙 재) -물(巛)이 넘치거나 불(火)이 나서 쓸어버리는 재앙
殃(재앙 앙)=歹(앙상한 뼈 알)+央(가운데 앙)-죽음(歹)을 당한 가운데(央)

*fluorine(플루오린), F
-일본어 음차(弗律阿里涅)에서 弗素
-염소(鹽素) Cl, chlorine(크로린)에서 -orine을 모방
-어원: 그리스어 chloros(열은 녹색 pale green, 녹황색 greenish yellow)

*백만 송이 장미
-좋은 일 할 때마다 한 송이씩 피는 장미

-한 자루 붓이 1000만자의 글이 되고
바깥세상의 사람들에게도 큰 스승이 됐다
(이근배 시인. 이어령 1주기 추모행사 추도사에서)

9) 춘곤증(春困症) spring fever. spring fatigue

겨울철에 나타나는 불면증의 가장 큰 원인은
일조량 감소 때문이라네
잠이 슬슬 오는 봄의 춘곤증은
낮의 길이가 길어져서 일조량 증가로 불면증이 사라지기 때문이라네

*불면증(不眠症)
*기면증(嗜眠증 Narcolepsy) -嗜(즐길 기)=口+耆(늙은이 기), 眠(잘 면)
잠을 너무 많이 잔사람. 길거리에서도 잔다
耆=耂(늙을 노)+旨(비 숟가락+甘 달 감=숫가락으로 단 음식을 먹으니 맛있다)
-늙은 사람이 맛있는(旨) 음식을 즐기다
嗜-원래의 뜻을 살리기 위해 口 첨부
*잠자는 약, 잠자러 가바(GABA)
중추신경계 억제 (신경흥분을 억제)
1) barbiturate 계 -펜토바비탈, 페노바비탈
염화이온(Cl-) 개폐문 개방시간 증가 *자기 전에 소금 먹어야?
2) benzodiazepine 계
~pam(팜):작용시간이 길다. 디아제팜(바리움), 로라제팜(아티반), 크로나제팜
~lam(람):작용시간이 짧다. 에티졸람(데파스). 미다졸람
3) non-benzodiazepine 계 -졸리니까, 졸피뎀(스틸녹스)
*데파스. 바리움 -항불안. 항경련. 근이완 효과
졸피뎀 -진정수면 효과.*불안장애등 정신적인 문제로 생긴 불면증에는 효과 없음
수면제(잠)의 부작용 - 호흡중추 억제(잠자는 공주), 우울증
*노인들이 입 벌리고 자는 이유(호흡이 막힐까봐?)

*반대로, 중추신경을 잠을 못자게 흥분 시키는 흥분제
1) ADHD, 기면증을 치료한다
2) 식욕억제(다이어트) -계속 잠을 못 자게 귀찮게 군다
3) 호흡곤란(잠을 너무 많이 잔다) 치료제
- caffein, theophylline, doxapram *COPD환자 -커피가 도움이 된다
*흥분제는 5개(아세틸콜린, 노르에피네프린, 에피네프린, 도파민, 세로토닌)

& 억제제는 GABA 1개뿐이라 잠자기가 힘들다

예: 중추신경 억제제

diazepam=valium(뜻: 강하다. 건강하다. 잘 지내다 라틴어 valere 어원)

-골격근 경련(응급실), 간질 보조치료제

*向정신성 -중추신경계에 작용하는 약물, 정신을 겨냥한 약물

*마약과 향정신성 약물 차이점

마약 -수술 후 또는 말기 암 환자의 통증, 심근경색에 사용

향정신성(마약류) -위험성과 중독성이 훨씬 적은 것으로

소아과에서 간질, ADHD, 정신과에서 불안해소로 사용

마약은 쾌락 목적, 향정신성 약물은 치료 목적

항우울제-인위적인 즐거움이 없고, 습관성 중독현상이 없으므로

향정신성 약물이 아니다

*마약 - 천연마약-즙(opion 그리스)=opium(영어)=

yapian(중국)=아편(한국)=모르핀(꿈의 神, 모르페우스, 미국)

헤로인, 코카인

페치딘(데메롤) -구름 위를 걷는 느낌

합성마약 -메사돈, 페치돈

신종마약 -엑스터시

*향정신성 의약품 -환각제, 각성제, 신경안정제 (예: 졸피뎀. 바리움)

*催淫濟(최음제) -성욕 촉진제(요힘빈)

催(재촉할 최)=人+崔(높을 최), 더 높은 곳으로 오르도록 재촉하다

催眠(최면), 催淚(최루)

淫(음란할 음)=물(氵)에 있는 여자를 손으로(爪) 짊어지니(壬), 음란하다

*覺醒劑(각성제=흥분제)-수면을 방해하고, 피로를 없애주는 약품

예: 메스(meth)암페타민=메틸암페타민=히로뽕

-2차 대전 때, 전쟁과 살인의 공포감을 없애고 자신이 초인이라는

상태에서 전투하도록 유인하는 약물. 히틀러 역시 메스암페타민 중독자

일본의 가미가제

암페타민-alpha-methyl-phenethyl-amine -중추신경과 교감신경을 흥분

일본에서느 암페타민을 필로폰(히로뽕)이라 함. 노동을 사랑한다

-군수공장 노동자들 졸음을 쫓는 약

10) 목쉰 목소리

성대(聲帶)를 지배하는 신경은 미주신경(上下)이다
음역대를 조정하는 上후두신경(상부신경)이 다치면
고음 장애가 오고,

성대를 여닫아 목소리를 내게 하는
되돌이(反回) 후두신경(下)(=反回신경= 逆周신경= 回歸신경)이 다치면
쉰 목소리가 된다네

＊香 -花香十里. 酒香百里. 人香千里. 德香萬里

epidemic(유행병)=epi(at. over 주위. 위)+ demic(people 대중)
episode(사건)=epi + sode(여행. 길)
endemic(풍토병)
pandemic(세계적 대유행. 군중)=pan(모든) + demic(사람)
모짜르트 귀 -평평한 좌측 귀
＊故鄕의 鄕 -어렸을 때(幺) 밥(白 匕) 먹던 마을(⻏)
故鄕 -여러 사람들이 음식을 나누어 먹으면서 오래된 이야기를 다시 되뇌며
옛날로 돌아갈 수 있는 삶의 옛터
故 -열사람의 입을 통해 전해진 오래된 일들을 들추어내는
연고(緣故)가 있다
鄕 - 시골동네에서 고소한 밥을 놓고 빙 둘러 앉아 맛있게 먹는다
＊鄕愁(향수. 근심 수) -가을에는 누구나 근심이 있듯이 고향을 그리워하는 마음
＊音 - 해(日)가 서야(立) (날이 밝아야) 온갖 자연의 소리(音)가 들린다
音響(음향)의 響(울릴 향) -시골(鄕) 산골짜기에서 소리(音)를 크게 지르면,
반사하여 들려오는 산울림. 音響(소리의 울림)
言美則響美(언미즉향미) -가는 말이 고우면 오는 말이 곱고
言惡則響惡(언악즉향악) -가는 말이 악하면 오는 말도 악하다
＊성대(聲帶) 주입 성형술(Injestion laryngoplasty)
- 성대마비, 성대 위축증, 성대구증(溝症.sulcus vocalis 홈이 폐임),

노인성 발성장애, 성대반흔(scar 흉터) 등으로 발생하는 목소리변형 치료
-히알루론산, collagen 등을 성대에 주입

*음파(音波. 소리)
舌에 물(氵) 치면 活, 骨에 물(氵) 치면 滑, 피부(皮)에 물(氵) 치면 물결 파
Rad -방사. 발산. 쏘듯이 방출한다
Radio - 음성신호를 방사(Rad) 시킨다
Radium - 강한 방사선을 발산(Rad)하는 물질
Radio(Ray. 광선, 빛)active -광선이 활동하게 만드는 , 방사능의, 방사선의
Radio wave -전자기파. 電波(전파).

*전파(전자기파) -음파와 달리, 매질이 필요 없이 빛의 속도(3억 m/초)로 달린다
  *음파 341m/초 -음파도 때리면(진동++) 빛의 속도로 갈 수 있다(라디오)
    -음파(소리)는 눈으로 안보이지만 귀로 듣는다
    전파는 속도가 너무 빨라서, 들을 수도 볼 수도 없다
  *천둥번개의 위치는 소리 반사(메아리)로 알고,
  우주 나이 137억 년, 지구나이 45억 년은 빛의 반사로 알 수 있다.

속도	사람	소리(음속)	빛
1초	10초에 100m달리기	1초 340 m, 10초 3,400m(십리 4000m)	3억 m(1초)
1시간	*시속 6.6km 건강에 좋다 *십리(4km)도 못가서 발병 나네 (아리랑)	340x60초x60분=1,224,000m =마하=1,224km/시속 마하 이상-초음속 자동차 고속도로 100km/시속 비행기 800~1000km/시속 콩코드 비행기- 2,000km(초음속)	라디오. TV. 전화 마이크로전자레인지 자외선 소독기 FM 백만 번/초 MHz AM 천 번/초 KHz

11) 흐른다

몸속에서 질병을 일으키는 성분이 밖으로 흘러나오는 병들이 있다
임질(gonorrhea)은 gonos(씨. 종자. 정자 sperm)가
흐른다고(rhoia 흐르다)
콜레라(cholera. chole=쓸개. bile=쓸개즙)는
급성 설사할 때 쓸개즙처럼 시꺼멋게 흐른다고
콜레라를 일본어로 음독하면 虎列刺(호열자)인데
이걸 잘못 해석해서 호랑이가 발톱으로 배를 갈라놓은 것처럼
고통스러운 질환이라고 하는 분들도 있다

류마치스(rheumatis 홍수. 흐르는 물)는
질병을 일으키는 물질이 흐른다(그리스어 rheuma)
몸속에 독소가 흘러 다닌다.
손목에서 어깨로 또 손가락으로 통증이 흘러 다닌다
여기저기로 통증이 흐른다고 이동한다는 뜻의 병명이 생겼다네
삼출성 중이염(중이 카타르. middle ear catarrh. catarrhal otitis media)은
귀에서 진물이 밑으로 흐른다고(catarrh)
콧물(rhinorrhea)은 코뿔소(rhino)의
점액분비(조직의 파괴를 일으키지 않는 점막표층의 삼출성 염증)가
콧물처럼 흐른다(rrhea)고

diarrhea(설사)는
우리 몸을 꿰뚫고(dia. 꿰뚫다. 통과하다. through)
흘러내린다고rrhea(흐름. 유통)

diagnose(진단하다. diagnosis 진단)는 청진기를 통해 꿰뚫어
봄으로서 병을 알 수 있다는 뜻이고
diabetes(당뇨병)는 과도하게(dia) 뱉는다(betes)는 뜻이다

정상적인 혈액, 면역세포들이 여기저기로 움직이지만
독소 대신에
성령의 9가지 열매가 흐른다면
病(병)없는 천국이 될 것이다

*症 -병(疒)을 바르게(正) 치료하려면
정확한 병(症) 증세를 알아야 한다
diamond 그리스어 adumas 정복할 수 없다.
불에 녹지 않는 단단한 금속

*9. 九
중국에서는 물구하기가 어려워 최소한 9번은 땅을 파야 한다
求(구할 구) : 한(一) 방울(丶)의 물(水)을 구한다
九(아홉 구) : 十에서 하나를 구부리니 '오래되다, 많다'
鳩(비둘기 구) -많이(九)모여 사는 새(鳥), 九龍瀑布, 九死一生,
究 - 땅은 최소한 9번은 파야 물을 얻을 수 있다
染(물들 염) 물에 9번은 적셔야 염색이 된다
抛棄(포기) -손으로 9번 힘써 노력해 안되면 포기하라
九蒸九曝(구증구포) - 9번 찌고 9번 말리기(蒸 찔 증, 曝 쬘 폭, 쬘 포)
음력으로 '9'자 들어간 날은 귀신이 없다(참조: 損 없는 날)

12) 미래의 세계 최고 국가, 한국

장차 세계 최고의 국가는 어느 나라인가요?
한국
왜?
세계 최초의 인쇄술(印刷),
한글과 높은 교육열(대졸 70%, 미국 40%),
개인적인 서양과 달리, 공동체로 윗사람을 공경하기 때문이라네
공동체 덕분에 미국의 우울증 환자들(41.5%) 보다
우리나라가 훨씬 적다는(180만 명, 2021년) 것도 한 목을 한다
허공을 삼킨다는 呑虛(탄허)스님(1913~1983)도 예지하셨지
앞으로는 한국이 최고가 된다고

*解例本(해례본)-한글의 원리
-훈민정음이라는 문자체계의 사용방법을 알리기 위해 만들어진 책
1443년 한글 창제,
1446년 음력 9월 상한(상순) 한글 반포 -한글날 10월 9일
1997년 유네스코 세계기록유산 지정

13) 세계 최초의 금속활자

세계 최초의 금속활자는
우리가 어렸을 때 배웠던
'구텐베르크' 활자가 아니고

그것보다 78년 전에 나온 고려 때의 금속활자
이것(直指)이라고 손가락으로 가리키는
直指心體要節 이라네
(직지=바로 가리켜 보인다+심체=마음의 본 모습
+ 요절=중요한 부분. 요점. 초록)

*直指(직지) -가리키고, 음식 맛보는 손가락은 두 번째 검지(index)
남녀의 검지 차이점 -남: 검지가 약지 보다 짧다/여: 검지 약지 비슷하다
엄지는 두텁다고 Thumb,
4번째 손가락은 약속하는 반지를 낀다고 약지(ring finger)

*독일 박물관이 독일사람 구텐베르크보다 78년 빠른 '직지심체요절' 때문에
아시아를 대표한다고 한국을 무시하고
중국, 일본만을 초대했다가 큰 코를 다쳤다.

*반지와 가락지
지환(指環) 또는 가락지- 손가락에 끼는 두 짝의 고리
두 개가 한 짝을 이루는 것
반(半)쪽만(2개가 아닌 1개) 있으면 반지(半指)

14) 인상파

움직이지 못하는 식물들은 동물의 공격을 받으면
인상을 쓰면서 쓰디쓴 알칼로이드라는 독을 내 품는다
이러한 알칼로이드는
통증을 해결해주는 모르핀(양귀비), 코카인
강심제 아트로핀, 멀미약 스코폴라민(부스코판) 등으로
사람들에게 기쁨을 준다

19세기에 등장한 모네(인상: 해돋이), 마네, 루느아르, 드가
인상파(印象派) 화가들은
사진처럼 똑같이 재현하는 전통적인 회화기법 대신
야외에서 특정한 시간대에 포착한 순간적 인상을
선명한 색채와 빛의 아름다움으로 표현해서
사람들에게 기쁨을 준다

조르주 쇠라는 센강 하류에 있는 섬
'그랑드자트섬의 일요일 오후' 라는 작품을 통해서
물감은 섞을수록 점점 더 어둡다는 감산혼합현상을 피해
색을 혼합하지 않고 점묘법으로 표현함으로서
기존의 팔레트에 섞은 물감보다 훨씬 밝고 선명하게
도장(印)을 찍는 신인상주의를 창안해서
사람들에게 기쁨을 주었다

*印(인쇄할 인)=爪(왼쪽을 90도 돌림 E)+卩
-손(爪. E)으로 잡고 찍는 막대(卩) -도장 *인감(印鑑)
-月印千江之曲 -달(月)이 천개의 江에 도장을 찍는다(비친다)

刷(손질할 쇄)=尸(시)+巾(건)+刂(도)
-몸(尸)을 굽히고 칼(刂)로 새긴 문양을 천(巾)에 찍는다(인쇄한다)
-손(爪)에 수건(巾)을 들고 시신(尸) 닦듯이 깨끗이 닦는다

*알칼로이드(알칼리: 식물의 재)
-식물체 속에 존재하는 질소를 함유한 염기성(鹽基) 유기화합물
-니코틴, 모르핀, 카페인, 퀴닌 등
-식물은 스스로 움직일 수 없으므로 천적에 대해 자신을 보호할 수 있는 방법 3가지 -1)위장 2)빠른 번식 3)독성물질(알칼로이드) 생산
*HCl - H 물에 녹아 H를 내놓으면 산(acid)
NaOH -OH 물에 녹아 OH를 내놓으면 염기 또는 알카리
-H2O

15) 천국에 가면 누가 마중 나올까?

장발장이 天國 갔을 때는
두 사람이 천국의 문을 열며 마중 나왔다
촛대를 주신 신부님(미리엘 주교)과
수양 딸(코제트) 엄마, 팡틴
우리가 천국에 간다면
누가 마중을 나올까?

하나님은 사람들이 웃는 것을 좋아 하신다
오죽하면 아브라함이 100세에 얻은 아들의 이름을
웃음(이삭)이라고 지었을까?
사람들에게 웃음을 주려고
중추신경계를 억제시키는 물질은 1개 인데
흥분시키는 신경전달물질은 5개나 선물로 주셨다
糖(당)을 내리는 호르몬은 달랑 인슐린 1개만 주셨는데
당을 올리는 선물은 많이 주셨다

癌(암)이 제일 싫어하는 것도 웃음이다
찍소보다 초랭이 방정 떠는 놈을 좋아한 이유다
우리 삶은 긴 여행이다
여행이 끝날 때
하나님께서는 우리 집을 만들어 주셨기 때문에 두렵지 않다
우리가 웃을 수 있는 이유이다
단, 누가 웃으면서 마중 나올까만 궁금할 뿐이다

* 혈당을 올리는 호르몬
  1) 부신 수질 -에피네프린 &노르에피네프린
     피질 -글루코코르티코이드
  2) 췌장 -글루카곤
  3) 기타 -성장호르몬, 갑상선호르몬, 스트레스(홧병)
* 중추신경계 흥분제
  1) 아세틸콜린 2)노르에피네프린 3)에피네프린 4)도파민 5)세로토닌
* 중추신경 억제제 -1)GABA

* 사람들이
장식된 허리띠(띠 대 帶)가 달린
옷(巾)을 차려입고
미소 짓는 돼지 머리(亥의 머리 부분 亠)를 사려고
市場(저자 시 市=亠+巾)에 간다(亠, 之의 변형)

시장 저 건너 언덕(阝)에는
긴 막대에 천(헝겊 巾)을 걸어 놓은
장수(將帥=阝+巾)의 깃발(巾 삼베 건. 수건 건)이 날리고
그 주변에 2천5백 명의 군사가 둘러싸고 있다
다른 언덕(阝)에는 환자들에게 둘러싸인(帀) 醫師도 보이고
학생들에 둘러싸인 스승(師=阝+帀 두를 잡)도 보인다

시장 뒤편 낮은 곳에는 물난리가 난 서민(庶民)들이
가득한 눈물을 (淚滿巾)수건(巾) 20(스물 입 廿. 卄)장으로
해결할 수 있다는 希望을 갖고 만족(滿足 氵+廿+巾+ 入)해 한다

그런 서민들의 수건(巾)이 부러웠는지
아예 수건(巾)위에 서있는(立)
임금(임금 제. 帝=立+巾)도 있네

* 사람들은 보통 천(巾) 보다 비싸다는 자수(육효의 효 爻)가 새겨진 옷(巾)을
항상(恒常=집 尙에서 항상 두르고 있는 옷 巾) 입고 싶고,
벼(禾) 농사가 항상 잘 되기를 바라는 마음(바랄 희 希. 希望)이지만,
바라는 만큼 수확되는 일이
드물고(드믈 희 稀. 稀貴 희귀. 古稀 고희)

때론, 베(布)가 부족해서 겨울에 추위에 덜덜 떠는
두려운(두려워할 포 怖) 마음(心)도 생길 수 있다

*恐(두려울 공) -장인(工)이 처음으로 우험한 물건을 만들 때는
대개(凡) 마음(心)속으로 두렵게(恐) 느낀다

春, 인삼은 세 사람이(三人) 함께 봄(春)에 먹어야 좋다
展(펼 전. 펼칠 전)- 몸(尸)에 열 개(十)의 옷(衣)을 걸치고 펼치다

16) 神과 술

술은 인간이 神에게 바치는 선물이고
神은 인간에게 물을 선물로 주셨다

그런데,
노인들이 술을 마시는 이유는?
어르신(神)이니까
외국에서는 시니어(神이여)니까
으 하하하!

DOG가 거꾸로 돌면 GOD인데
개들도 술을?

라파엘로가 아테네학당이란 작품에서
플라톤 얼굴을 레오나르도 다빈치 얼굴로 바꾼 것도
술 때문일까?

*라파엘로 作 아테네 학당
3대 예술가- 미켈란젤로, 레오나르도 다빈치, 라파엘로
'아테네 학당' 중앙에 그려진 두 인물
-왼쪽 대머리 -플라톤 얼굴은
실제 레오나르도 다빈치 얼굴로 뒤바꿔서 그렸다
-오른쪽 -아리스토텔레스

*어른은 공자가 늘 곱씹었던 화두였다.
나이 먹어 도달하는 생물학적 어른이 아니라,
어른다운 어른 즉 사회적 차원에서 바람직하다고 여겨지는 어른다움에

대하여 줄곧 관심을 기울렸다.
임금은 임금답고, 아버지는 아버지다워야 하고, 어른은 어른다워야
神이 잡수는 술을 먹을 수 있는 어르神이 아닐까?
어른임에도 어른답지 못한 썩은 어른들은 술을 먹을 자격이 없다.

*술과 물은 上善若水(상선약수)의 水이므로
어떤 그릇에 담아도 모양이 바뀌는 유연함과
끝없이 아래로 흐르는 겸손함을 배워야 한다

17) 부동산 사기꾼, 참새 - 백거이. 쑥대머리. 쑥 섬. ADHD

참하게 생긴 참새가 설마
부동산 사기꾼이라고?
제비집을 사기 쳐서 빼앗으니까 사기꾼 맞지
증거 있어?
唐代 白居易(백거이 772~846) 詩人이 증인이지
'화살을 맞은 사슴은
콩의 싹을 먹어 해독하고
참새는 쑥을 싫어하는 제비집에
쑥을 넣어 제비둥지를 뺏는다'
기가 막히네요
醫書를 본 적이 없는 동물들이 어떻게
약의 성질을 분별 하나요?'

세상 사람들이 逍風다니면서 말한다
참새의 선천적 사기성 때문에
쫓겨 난 제비는 쑥대머리하고
그 새끼들은 ADHD로 고생한다고

* 제비들은 집안의 쥐. 구렁이. 뱀들로부터 새끼들을 보호하기 위해서
사람이 사는 집에만 집을 짓는다

* 쑥대머리
- 옥중 춘향의 머리가 한길이나 자라 무성한 쑥처럼
남발한 헝클어진 머리

* 쑥 - 환웅. 곰 쑥.
- 히로시마 원자폭탄의 잿더미 속에서도 가장 먼저 피어오른

끈질긴 생명력을 갖고 있다
- 지혈작용이 있어 코피 날 때 사용
- 칼슘과 칼륨이 풍부해서 췌장의 인슐린 분비 촉진 -당뇨병 개선
- 따뜻한 성질을 가졌고, 위장과 신장의 기능을 강화해서 복통치료에 좋다
- 쑥을 태운 연기 -모기퇴치. 집안 소독(살균효과)

*쑥 섬 -쑥이 유명한 섬(고흥 외나로도 앞섬). 고양이 섬
*변비에는 굵고 시원하게 쑥
*잡초 개똥쑥 -말라리아 특효성분인 아르테미시닌 추출(2015년 노벨생리의학상)
*참새가 방앗간을 그냥 지나치랴

욕심 많은 사람은 자기에게 이익이 되는 것을 보면
그냥 지나가지 못한다는 뜻
말 타면 경마 잡히고 싶다(종 두고 싶다)
큰 고기는 잡아 제 망태기에 넣는다
야윈 말이 짐 탐한다
생선을 멀리하는 고양이는 없다

*ADHD(attention deficit, hyperactivity disorder)

주의력 결핍, 과잉행동장애
deficit(적자. 결손. 부족액). 아이들(AD) 핸들(HD)
주의력을 통제하는 전두엽의 일부 기능이 덜 발달
부모의 잘못이 아니다(선천적이다)
산만하고 충동적, 자주 멍 때리고, 집중을 이어가기 힘들고,
책상에 오래 앉아 있어도 일이나 학업성과가 좋지 않다
-피카소의 창의성인 작품은 ADHD의 덕이다
사람과의 약속을 까먹거나, 약속시간을 어기는 일이 많다
-공기를 불어 넣은 압박조끼(상품명: 허기)를 착용하면,
편안하게 해주는 부교감 신경을 자극해 안정감을 준다

*逍風(소풍. 노닐 소) - 보폭을 느리고 작게(肖) 하고서

슬슬 거닐며(辶) 바람을 쏘임
- 답답한 마음을 사라지게(肖)한다
삶 자체가 소풍이니까, 소풍을 나온다

肖(닮을 초)=小+月,고깃덩어리로 만들어진 몸뚱어리는 나이가 들수록
점점 작아져(小) 결국에는 사라진다

*痘苗鹿嚼解烏毒(두묘녹작해오독) 사슴은 콩의 싹을 먹어 오두의 독을 해독하고
艾葉雀銜奪燕巢(애엽작함탈연소) 참새들은 쑥 잎 냄새로 제비둥지를 빼앗는다
鳥獸不曾看本草(조수불증간본초) 새와 짐승들은 약초를 본적이 없음에도
諳知藥性是誰教(보지약성시수교) 약의 성질을 아나니, 누가 가르쳐 주었는가

*흥부 때문에 유명해진 제비도 유언비어로 고생한다
-강남의 물 제비(카바레)-신사적이고, 잘생긴 몸매, 제비같이 능란한 춤 솜씨
-모 대통령이 수제비 먹고 머리가 나빠져 외환위기 당했다는 소문
*수제비 어원 - 手摺(수접)+이(접미사) -수접이 - 수제비
-摺(접을 접)=扌+習, 손(扌)으로 같은 모양을 되풀이(習)로 접는다
*推(밀 추) -새의 손, 새의 날개 짓이 마치 밀어내는 것처럼 보인다
推敲(추고. 퇴고). 敲(두드릴 고)
*물수제비 -얄팍한 납작 돌을 물위로 날려 보낸다
반짝거리는 날개를 가진 제비처럼
*제비와 참새 *참새목 제비과
-제비는 철새(나그네), 참새는 텃새
-석가모니 임종 시,
참석한 참새는 오곡을 먹게 해주는 선물을 받았고
불참한 제비는 벌칙으로 벌레만 잡아먹게 했다
*스왈로우(제비) 어원 -예수가 십자가에 못 박혔을 때 북유럽 제비들이
'스발로우 스발로우(위안하다)' 라고 위로를 한 것이 어원
-스왈로우 뜻: 제비. 삼키다. *present: 현재. 선물
嚥下困難(연하곤란) dysphagia
嚥(침 삼킬 연, 목구멍 연. 잔치 연. 제비연) 제비(燕)가 침(口)을 삼키다
음력 3월3일 -삼짇날. 제비 오는 날
-본격적인 봄의 시작. 잔치를 벌리고 음식을 먹는다(삼킨다)
-靑燕(청연) 푸른 제비 blue swallow

18) 가(假)짜 인간. 假像(가상)세계

사람은 10초에 100m 달릴 수 있다
빛은 1초에 지구를 7바퀴 반을 돈다(光速)
소리는 1초에 341m를 간다(音速)
1초에 3억m를 달리는 빛이 가장 빠르다
천둥칠 때, 빛이 번쩍하고
잠시 후에 우르릉 꽝 소리가 들린다

글(文)공부를 많이 한 사람은
어떤 장소(厂)에 가도
生産하면서(産 낳을 산)
살아(生) 갈 수 있는 능력이 있으므로
소리를 빛의 속도인 1초에 3억m로 달리게 한다(라디오. TV)
비행기를 이용해서 음속(마하 Mach)으로 달리게 한다

사람들은
몸(己)을 때려서(攵) 고치고(고칠 개 改)
매일(每) 쳐서(攵) 敏捷(민첩)하게 만들고
집(尸)에서 부부(二)간에 몽둥이(殳)를 들고
더 빨리 달리는 가짜(叚) 인간(人. 假)을 만든다
빠른 진동을 이용해서 점점 더 假像세계로 향한다

결국, 더 높이, 더 멀리, 더 빨리 달리다가
바다에 떨어지는
이카루스(Icarus)가 되지 않을까 걱정스럽네

* 假 거짓, 임시, 빌릴 가.　休假
-바위언덕(厂)에서 두 손(又의 변형)으로 광물(一 一)을 채취하는 모습
광물의 원주인은 자연이므로 일시적으로 빌린 것임.
자기 것이라 우기는 것은 가짜
假像世界 메타버스
假의 우측 殳는 몽둥이(冂)를 들고 있는 손(又)
役(부릴 역) -무기(殳)를 들고 멀리 변방에 나가(彳) 나라를 지킨다
事役(사역)
疫(전염병 역) -병(疒)이 여러 사람에게 돌면서(殳)
걸리는 돌림병(病)
* persona(페르소나)-假面(가면을 쓴 인격). 마스크, 외교사절, 가상고객
* 이카루스 -새의 깃털을 모아 거대한 날개를 만들어 꿀벌의 밀납으로
몸에 이어 붙인 뒤, 드높은 하늘을 난다. 욕심이 생겨 더 높이 더 멀리
날아 태양 가까이 다가가다가 밀납이 녹아 바다에 떨어진다.
인간의 덧없는 욕망을 알려주는 교훈

* 프로메테우스(형)와 에피메테우스(동생) - 플라톤
(참조: 위베르 리브 저, 할아버지가 들려주는 우주 이야기)
동생은 동물들에게 세상을 살아가는 비법으로
코끼리에게는 기억력을, 고양이에게는 날 센 속도를,
새에게는 날 수 있도록 해주는 등 모든 능력을 주어버리고
사람에게는 아무런 선물을 주지 못했다
그래서 형은 인간에게 神들의 지식을 주고(도구 사용. 불火 이용)
큰 고난을 당했지만
인간들은 그 지식을 이용해서 하늘에 공해를 뿌리고, 땅을 뒤엎고,
바다를 해치는 등 환경파괴와 생명 파괴를 지금도 저지르고 있다.

프로메테우스 - 미리 아는 자. 선지자. 예지자. 선각자
에피메테우스 - 뒤늦게 후회하는 자. 후각자. 어리석은 자. 늦게 아는 자

* 에필로그(epi-logue英, log美)=epi 추가. 나중. 이후+logue 대화. 말. 글. 노래. 논리
-연극이나 책의 마지막 대사. 글. 음악　* 에피메테우스(후각자)
프롤로그(pro 앞에) -책. 연극의 앞부분　* 프로메테우스(先覺者)
아나로그(ana 근접한, 완전히 + log 말. 글. 논리)

*왜 에덴동산에서 지혜의 사과를 따먹고 죄를 갖게끔 했는지?
왜 프로메테우스는 사람에게 지식을 주고서 환경공해를 일으키게 했는지?
왜 에피메테우스는 자신처럼 현대인의 초상을
나중이지만 끝내 생각하는 사람, 어리석지만 반성하는 사람
끝까지 생각하고 또 생각하는 사람으로 만들었는지?

*Mach(마흐. 1838~1916) -음속의 단위 마하=음속
340m(1초), 시속(340mX60초X60분=1,224,000m=1,200km)
-마하 1보다 크면 超音速. 마하 5: 극초음속
*스페인 화가 고야 - 옷을 벗은, 옷을 입은 마하(Maja)

19) 寺刹(사찰)에 무시무시한 刹(찰)이 웬 말이냐

殺(죽일 살)은 짐승을 나뭇가지(木)에 메달아 놓고(X. 乂벨 예)
몽둥이로 때려잡는다는 뜻이고,
刹(절 찰)은 짐승을 나뭇가지(木)에 메달아 놓고(X. 乂 벨 예)
칼(刂)로 단숨에 빠르게(찰나 刹那) 벤다는 뜻이다
사찰은 승려가 불상을 모시고 佛道를 닦으며 교법을 펴는
집이라고 알았는데
寺刹(사찰)에 무시무시한 刹(찰)자가 들어갔다
얼마나 놀라운 일인가
그런데
刹(찰)을 칼(刂)로 죽이는 것을(杀) 금하는 '절'
또는 사찰의 塔(탑)을 가리킨다는 꿈보다 멋있는 해몽이 더 좋다
찰나(刹那)의 반전이다

*순간(瞬間), 짧은 시간
瞬(눈 깜짝일 순)=目+瓜(손톱 조)+冖(덮을 멱)+舛(어그러질 천)
*瞬息間(순식간)-눈 한번 깜빡이고, 숨 한번 쉬는 짧은 순간
*舜(순임금 순) -손톱(爪)으로 긁듯이 어그러진 세상(舛)을
평온하게 잘 덮는(冖) 순임금
순 임금은 눈 깜짝할 사이에 백성을 교화한다.(빨리빨리 문화)
*舜(무궁화꽃 순)- 아침에 피었다 오후에 지는 무궁화 꽃
눈 깜짝할 사이에 피고 지는 무궁화 꽃
*이舜臣 -순 임금의 신하
눈 깜짝할 사이에 왜군을 무찌르다
*那(어찌 나) -어조사

*'刹' 字 때문에 스님들만 이용하는 병실을 '중환자실'이라 했을까?
으 하하하!

*이순신: 若無湖南(약무호남) 是無國家(시무국가),
만약에 호남이 없다면, 국가가 없다

*萬若(일만 만, 같을 약) : 萬一 ~와 같다면
萬 -풀(艹)밭에 원숭이(禺)가 많다
若 -오른손(右)으로 뜯는 새싹(艹)의 모양새가 비슷하다(같다)
是(이 시. 日+正) - 태양은 정확하니 '옳다, 맞다'
- 이다(山是山, 산은 산이고)

*萬一 : 만 가지 중 하나(一), 혹시 있을지도 모르는 뜻밖의 경우
萬若 : 만 가지와 같지만, 혹시 一(하나)이 빠지는 뜻밖의 경우

20) 증심사. 원효사. 약사사

내 고향 광주에는
어머니처럼 포근한 무등산이 있고
그 山 속에는 3개의 아름다운 사찰이
佛꽃을 피고 있다

첫새벽(元曉)이라는 원효대사가 창건한 元曉寺(원효사),
흐려지고 흔들릴 때마다 다시 마음을 가라앉히고
맑히며 살아가라는 證心寺(증심사. 澄心寺),

아픈 이들을 고쳐주고, 질병에서 구원해
낫게 해주시는 부처님(여래)을 모시는 藥師寺(약사사)가
剎을 피하는 佛꽃을 피고 있다

*證心寺(증심사) -신라 헌안왕(860) 때 창건
- 證心은 본디 澄心, 마음을 증득하다. 깨닫다. 맑히다
證 - 중국의 간자체 言은 讠으로, 登은 正으로 (중국어 간자체)
-말(言)이 곧이곧대로 올라오는(登) 증거를 뜻한다
- 證明書. 證券. 證據. 證人
*澄 - 물(氵)이 상류로 오를수록(登 오를 등) 맑다

*元曉寺(원효사) 신라 문무왕(661~681) 때, 첫새벽. 원효스님이 창건
*藥師寺 -철감 스님 도윤(798~868)이 창건 후 이곳에 머물면서
신라 헌안왕(860) 때 증심사 창건
- 약사(藥王, 大醫王佛) 여래(부처님)를 주불로 모시는 사찰
- 통일신라시대에 만든 화강암으로 만든 '석조여래좌상'
*如來(여래)
- 그와 같고, 그와 같이 오신 분
- 진리에 도달한자. Buddha 佛陀(불타)

- 여실한 진리를 따라서 이 세상에 오셔서 진리를 보여주시는 분
- 진리로부터 오신 부처님
- 우주만물의 근원으로부터 오신 분

*藥師 여래 불상 - 병과 무지, 가난과 배고픔으로부터 중생을 구제하는 부처
- 왼손에 약병이나 약 항아리를 들고 있다

*창건 순서

원효사	신라 문무왕 661~681
약사사	신라 798~868
증심사	신라 현안왕 860년

21) 황새와 권력

새(隹새 추) 머리 부분에 두리번거리는 두 눈(口口)과
머리위의 깃털모습(++)을 한
황새(雚 황새 관)가 눈금을 새긴 나무저울(木)을
두 눈으로 지켜본 가운데
사람을 저울질해서 관직에 임명하는 막강한 권력을 휘 두르면서
웅얼거린다
'권력은 영원하지 못하고 새처럼 이동한다고,
權不十年(권불십년)이라고'

哀歡(슬플 애. 기쁠 환)이 교차한다
권력을 잃은 자는
옷(衣)고름을 입(口)에 대고 대성통곡하는 애절한 모습을 보이고,
권력을 얻은 자는
두 눈(口口)을 부릅뜨고
기뻐하는(歡 기쁠 환) 황새(雚)처럼 입을 크게 벌리고(欠)
권력 있는 높은 자(卬)가 쉬엄쉬엄 갈 때는(辶)
사람들이 우러러보며 맞이해 준다네(迎 맞이할 영)

* 황새는 마을 가장 높은 곳에서 죽을 때까지 한 쌍의 부부로서
  번식하고 살아가기 때문에 옛 조상들은 마을의 수호신이란 별명을 주었다
  황새 하면 가랑이를 찢어가면서 살아가는 뱁새가 생각난다
  어떤 이에게는 황새일 수 있고, 또 어떤 이에게는 뱁새가 될 수 있기 때문에
  인생의 참 스승은 거울에 비친 나 자신 뿐이다.
* 뱁새 -볍(벼)씨를 좋아한다고. 볍(작은)새
  - 눈이 오목하게 들어갔다고, 학명: 오목눈이(또는 긴 꼬리 새. long tailed tit)
  - 뱁새눈(둥굴다) -눈이 작고 가늘게 찢어진 눈 아니다. 뱁새같은 눈(X)

*權 -풀숲(艹)에서 새(隹)들이 서로 좋은 나무(木)를 차지하려고
지지배배(口口) 울면서 텃새다툼을 한다

*권력은 强한 자가 먹는다

强(강할 강)=弘(클 홍)+虫 - 큰(弘) 벌레(虫)가 무는(口) 힘이 강하다

虫-끈질긴 바구미 또는 누에고치의 실과 송진이 만든 강인한 활시위

强(口) 보다 強(厶)이 옳다

弱-날개(羽)가 굽어있으니(弓) '약하다'

習(익힐 습) -날개(羽 깃 우)가 하얗게(白) 될 정도로 휘저으니 '익히다. 배우다'

翁(늙은이 옹) -公(공저 공 -사사로운(厶) 것도 나누니(八) '공평하다. 함께하다'
-고귀한 새(羽)처럼 귀인(公) 대접을 받는 늙은이

溺 -약한 것이 물에 들어가니 '빠지다' 溺死(익사)

*躬(몸 궁) -활처럼 굽어지는 신체 '몸'

*弘(클 홍) - 활을 쏘기 위한 자신(厶)의 팔 모양 '넓다'

*권력을 더 먹으려고 粉飾)(분식)하는 정권

粉(가루 분) - 쌀(米)이 나누어 흩어지니 '가루'

飾(꾸밀 식) - 밥상(食)을 천(巾)으로 닦고 꾸미다

粉飾 -실제보다 좋게 보이려고 사실을 숨기고 거짓으로 꾸밈, 粉飾會計. 統計

22) 召天

하나님께서는
하늘로 사람을 부르실 때(召天 죽음)
왜 칼(刀)을 차고 말씀(口) 하시는지요?

제가 祈禱(기도) 할 때
경건한 마음을 갖고자
神(示)앞에 도끼(斤)를 놓았는데(祈)
혹시 그걸 오해 하셨는지 걱정됩니다

하나님이 껄껄 웃으신다
도끼를 갈아 바늘을 만든다는
磨斧作針(마부작침)이란 걸 알고 있지?
일만 시간의 법칙이란 걸 알고 있지?
기도란 단번에 이루어진 것이 없단다
기도에서는 빨리 빨리 란 것이 안 통하지
몸줄은 졸졸졸 시냇물처럼 천천히 가고,
정신신경 줄은 팽팽한 기타 줄에서 나는 소리처럼
스트레스를 받아 팽팽하게 긴장할 때
하나님의 말씀이 이명(耳鳴)으로 나타나지

이제 祈禱에 들어있는 도끼(斤)와
召天에 들어있는 刀(도)의 뜻을 알겠니?

*도끼로 열 번 찍어 안 넘어간 나무 없다 - 十伐之木(십벌지목)
열 번 찍어 안 이루어지는 祈禱(기도)없다
왜 기도를 해야 하나요
안하면 죽는 것이지
죽다니?
영적 기도는 숨 쉬는 몸의 기도(氣道)와 같으므로, 호흡 안하면 죽는 거지
기도를 열 번해도 소망이 안 이루어지는 이유는?
도끼 나름이지

*耳鳴(이명), 鳴(울 명 口+鳥)의 뜻 2가지
-새가 운다
-새 울음에서 읽어낸 계시
-새들의 지저귀는 소리가 아름다운 것은 탐욕스러운
인간의 언어를 닮지 않았기 때문이다.
도시에서 벗어나 산과 바다에 가면 마음이 편안해 지는 이유는
구급차 소리, 공사장 소리, 자동차 경적, 공장 기계 소리, 그리고
인간의 소리가 들리지 않은 까닭이다.
(강나루 작, 낮은 대문이 내게 건네는 말)
*이명 치료법 - 十伐之木 (열 번은 찍어봐야지)
귀(耳 auricle)주변의 穴을 비벼라 -귀 볼. 耳門혈(聽宮혈, 聽會혈), 예풍혈
*심장의 심방을 atrium(심장의 현관) 또는 auricle(라틴어 auricular)이라 한다
atrium 뜻: 큰방. 거실. 넓은 정원. 현관 앞마당
-혈액이 처음으로 심장에 들어오는 곳(심장의 현관)
auricle -심방의 모양이 축 늘어진 개의 귀와 비슷하다고 붙여진 이름
um(움) - 우묵하게 들어간 곳, 둥지. 움집.
atrium, colosseum, gymnasium, museum, condominium, forum

*해(日)를 부르면(召) 밝아지니 '밝을 소(昭)'
물(氵)을 부르면(召) 늪(연못)이 되니 '늪 소(沼)'
실(糸)로 부르면(召) '이을 소(紹. 紹介)'
손(扌)으로 부르면(召) '부를 초(招. 招請. 招待)'
불러도(召) 대답 않고 달려가 버리면(走) '뛰어넘을 초(超)'
召(부를 소)
*봉건주의 시대에는 임금이 신하에게 땅을 주고(封地)

임야를 개간하기 위해서는 가장 필요한 도구가 도끼(斤)였다.
신하(제후)는 임금에게 상황을 아뢰는 것이(빌 기 祈) 관례였다

*죽을 때도 고인의 영혼이 빛나게 하늘로 오르시라고
화장장을 昇華院(승화원)이라 부른다

*죽을 때 華(빛날 화. 승화원)로 빛나기 위해서는
살아 있을 때
큰(奐) 불(火)을 손(扌)으로 바꿔(換 바꿀 환)
세상의 등불을 밝히겠노라고(煥 빛날 환. 불꽃 환)
입(口)을 크게(奐) 벌리고 부르짖어야 한다(喚 부를 환)
煥 - 불꽃 환. 밝을 환. 빛날 환

*참조: 換拂(환불). 交換(교환). 轉換期(전환기)
召喚(소환). 阿鼻叫喚(아비규환)

換率(환율)의 率(율)은 玄+冫+冫+十
검은(玄) 십자가(十) 옆에 붙어있는 가시 2개의 비율
*煥(빛날 환) - 큰 불이니 '빛나다'

23) 환장 하겠네 - 나전칠기(螺鈿漆器). 漆. 膝

주식은 귀신도 모른다는 換(바꿀 환)테크
정말 어렵네
換腸(환장) 하겠네
큰(奐) 손(扌)만이 할 수 있다던데(換)
換骨奪胎(환골탈태)해야겠네
여보(如寶), 보배와 같이 소중하다
마누라, 서로 마주 보고 누워라
여편네, 옆에 있다고
당신(當身), 내 몸과 같다, 내 삶의 전부이다
당신이 먹는 것이 곧 당신인데
當 대신 糖을 먹으니 당뇨병 때문에
환장 하겠네
환골탈퇴 해야겠네

가려움증으로 고생하는 환자가 말한다
가려워 미치겠는데 보습제만 바르고, 긁지 말라고 하네요
환장하겠네

*奐(빛날 환)=엎드린 사람 인(𠂊)+冂+大
　성(冂) 안팎에서 사람들이(𠂊, 儿) 큰(大)등불을 들고
　돌아다니니 '빛나다'
換(바꿀 환) =扌+奐. 손(扌)으로 오래된 전등을 새것으로
　　'바꾸니' 더욱 빛나다
人(사람 인), 儿(어진사람 인), 𠂉(누운사람 인) 矢, 𠂊(엎드린사람 인)色

*換骨奪胎(환골탈태) -뼈대를 바꾸고 태를 바꿔 쓴다
奪(빼앗을 탈) -큰(大) 새(隹)를 손(寸)으로 잡다
바꿀 환. 뼈 골. 빼앗을 탈. 아이밸 태
奪胎(O). 脫退(x)
낡은 제도나 관습 따위를 완전히 새롭게 고침
연금술사처럼 뼈대를 바꾸고, 태반에서 벗어남
환골탈태 해야 해, 환골탈태의 각오로 다시 해 보자
*台(클 태)=厶+口, 나의 입이 크다. 빅 마우스. 始, 治, 胎

*換氣(환기)
*探(찾을 탐). 深(깊을 심) - 24) 탐탐탐 참조
*혀(舌)에 물(氵)을 치면 活,
뼈(骨)에 물(氵)을 치면 미끄럽다(滑 미끄러울 활) -滑走路
*換腸(환장) -換心腸의 준말로 마음과 내장이 다 바뀌어
뒤집힐 정도로 미치겠다는 뜻
*螺鈿漆器(나전칠기)
-아파트 때문에 쫓겨난 나전칠기
세계가 알아주네(교황 의자: 나전칠기)
지금은 없어서 못 팔아

기존에 농짝 버렸던 사람들
환장하겠네

螺(소라 라) - 바다소라. 전복 등 조개껍데기
螺=虫+累(여러 루)
-실(糸)이 돌아가면서 여러(累) 겹으로 둘둘 말려있는 벌레(虫)
나사(螺絲) 못
鈿(비녀 전) -쇠(金)에 밭 전(田)자 모양을 새겨 넣은 머리장식 비녀
漆(옻나무 칠)=木+八+水+氵
나무(木)에 새겨놓은 칼자국(八)에서 떨어지는 수액(水)이
옻이라고 氵(수)를 넣어 더 강조
膝(무릎 슬)-몸에서 옻나무처럼 매끈한 곳. 슬개골(膝蓋骨)
*슬개골 이라고 부르는 이유
-스쿼트(squat) 운동을 슬슬 하라고 슬개골

*고관절(股關節 hip joint) -몽둥이(몽둥이 수,殳)처럼 두꺼운 넓적다리
股(넓적다리 고), 肱(팔뚝 굉)
股肱之臣(고굉지신)-임금이 가장 중히 여기는 신하

*종합검진 때, 모든 검사를 다 하려고 하니 환장 하겠네

- 종합검진에서 꼭 안 해도 좋은 5개 검사

1) 위장 조영촬영(아스피린 복용환자는 조직검사 때 출혈 때문에 권장) 보다는 위내시경의 정확도가 더 좋다
2) 골밀도 검사(50세 이하는 의미가 없다)
3) 종양 표시자
AFP(간암), PSA(전립선암), CA 125(난소암), CA 19-9(췌장암)
CEA(대장암), Cyfra 21(폐암)
4) 유전자 검진
5) PET-CT(양전자 방출 단층촬영) 방사선 피폭량이 너무 많다(25 mSv)
방사선 피폭 : 가슴사진 0.1 mSv , 뇌 CT 2, 복부 CT 8,
요추. 경추 CT 6, 흉부 CT 7, 심장 CT 16, PET CT 25 mSv

*낙지(絡 이을 락. 얽힐 락/ 蹄 발굽 제)
8개의 발(蹄)이 서로 얽힌(絡) 물고기.
*蹄(발굽 제)- 옛날 뚱뚱한 돼지 닮은 임금(帝)들의
발(足)의 발톱이 임금 머리의 왕관처럼 생겼다고
*口蹄疫(구제역)
-전염성이 강한 바이러스에 의해서
소. 양. 돼지의 입과 발굽에 심한 물집과 통증이 생기는 역병

*搔痒症(소양증 가려움증)
搔(긁을 소)=扌+爪의 옛글자 蚤(벼룩 조)
-벼룩(虫)이 손톱(爪)으로 꼬집고 할퀴고 물어뜯어서
가려운 곳을 손(扌)으로 긁다
痒(가려울 양) -癢의 간자체 -간지러움을 기르는(養) 병(疒)
*피부는 산성이기 때문에 알카리성 비누 사용은 피하는 것이 좋고, 보습제로는 중화시키는(neutr 중성. 중립) 성분(cica)이 들어있는 emulsion(乳化液)을 사용하는 것이 좋다 *neutrogena

24) 記憶(기억)

ㄹ자 모양으로 구부러진 자기 몸(己)에
글자(言)를 넣어 마음(心) 속의 소리(音)인
뜻(意)을 기억(憶)케 하는 것은 매우 어렵다

뇌(腦)는 생존을 보존하는(종족보존)것을 최우선으로 삼는
생존지향성 때문에 나쁜 일은 오래 기억한다
(기억을 담당하는 해마 옆에 공포담당 편도체 위치함)

몸과 마음은 마음 따로, 몸 따로 노는
葛藤(갈등. 스트레스. 불안) 때문에 평상심을 잃는다

마음을 편하게 하려면
가장 소중한 나를 존중해야 한다(Narcissism 나르시시즘)

주위 사람 51%만 나를 좋아하면 인생 성공이다
100년 사는 앵무새, 80년 사는 갈매기는
노화도 없고 마음의 병도 없단다
약한 상대를 만나면 싸우고, 힘 센 상대를 만나면 도망가는
방법으로 스트레스를 극복하기 때문이라네

사주(생년월일)는 못 고쳐도
팔자는 고칠 수 있다
우리 몸의 세포는 98%가 변한다
매일 늙어가는 것이 아니라, 매일 새로워지고 성장한다

오늘의 나는 어제의 내가 아니다
고인 물은 썩고, 운동을 안 하면 근육도 위축된다
다윈의 진화론은 계속 진행 중이다

기억창고 해마가 손상되면
단기기억을 장기기억화 하는 과정이 원활치 못해
장기화 되지 않았던 최근의 기억을 하지 못하게 된다
입력, 저장, 회상을 반복하는 기억력을 키우려면
뇌는 쓸데없는 생각은 기억하지 않으므로
어려운 공부를 해라(증권. 요리 강좌 등)
독서는 종이 책이 좋다
요약하는 습관을 가져라(적어야 산다. 적자생존)
잠 잘 자고, 손을 많이 움직여라
유산소 운동을 하면 뇌(腦)에 산소와 영양분이 잘 공급되므로
근력운동 보다는 걷기 운동이 더 좋다(해마가 2% 커진다)
감정을 적극적으로 표현하라

* ㄹ자로 꾸부러진 몸(ㄹ)에 글(言)을 넣기가 힘들다. 기억하기가 어렵다는 뜻이다.
혀(舌) 밑 중앙에 있는 설소대(舌小帶 lingual frenulum)가 짧은
短縮症(단축증 tongue tie)이 되면 ㄹ자 발음(신라. 라면. 서울)하기가 힘들게 된다.
7세 이전에 설소대 절제술(frenotomy)을 시행하면 발음에 지장이 없다

* 己己巳己(이기사기. 이미 기. 뱀 사) 일본(이코미키). 한국(도긴개긴).
모양이 비슷비슷하다고, 뜻: 거기서 거기

* 긴가민가 = 其然未然 = 其然不然 = 아리까리
其(그 기). 然(그러할 연. 당연할 연. 그렇다). 未(아닐 미)

25) 환(桓)한 세상 만들어 보세

환웅(桓雄)이 처음 내려 온 곳
천지간(二)에 해뜨는(亘) 동쪽(東)
동쪽은 오행 상 나무(木) 인데
햇볕을 처음 받는 나무(木)
환(桓)한 나무
굳센 나무
이곳에 푯말(기념식수)을 만드노라

*태초에 하나님이 가라사대 빛이 있으라 하시매 빛이 있었고
桓雄(환웅)이 고조선의 세상을 환(桓)하게 밝히고
히스기야王 시대의 선지자 이사야(Isaiah)가 일어나라 빛을 발하라 하시니
황새는 歡迎(환영)하고
큰손(換)들은 환(換)테크 하느라 정신 없네
환골탈태해야 하는데 ....

*桓(푯말 환, 굳셀 환. 크다. 위풍당당)=木 + 亘(뻗칠 긍)
- 나무(木)가 햇살(日) 퍼지듯 천지(二)를 휘돌며 뻗치므로(亘) 훤하다
*檀君(단군)의 壇에도 기념식수의 푯말 木이 있다

*Africa -추위가 없는 땅(그리스어), 햇빛이 내리 쬐는 땅(라틴어)
*Europe(Europa) -해 지는 서쪽
Asia -해 뜨는 동쪽
*아담이 쫓겨난 곳(에덴의 동쪽)

26) 새 사람을 입었습니까(골 3:5~11) - 附驥미(부기미). 蠅蛆症(승저증)

왜 교회에 가지요
신(神)은 사람과 달리, 항상 용서해 주시니까
대신, 새 옷으로 바꾸어 입어야 한다
새 옷이라니?
음란(포르노). 부정. 사욕. 약한 정욕. 탐심. 분함.
노여움. 악의 비방. 부끄러운 말. 거짓말
이런 옷은 완전히 벗어라
貪瞋痴(탐진치. 욕심. 노여움. 어리석음), 虎視眈眈(호시탐탐) 하지마라

神이라도 이거 하나는 절대로 용서해주지 않는다
悔改(뉘우칠 회/ 고칠 개)
잘못을 뉘우치고 고친다
죄는 스스로 고칠 수가 없다
하나님의 품으로 가야 용서라는 하나님의 선물을 받을 수 있다

*교회가 사회로부터 욕을 먹는 이유
1) 물질 만능주의
2) 교인들의 말과 행동이 일치하지 못한다(언행일치)
교회가 하는 구제와 봉사보다는 스스로의 자정이 필요하다
*悔 =忄+人+母 엄마를 매일 마음속으로 사모
每=人(어린이)+母 엄마젖을 매일 먹는 어린이(人)
侮(업신여길 모. 깔볼 모) -아직도 어린이처럼 젖을 먹는다고
사람들이 업신여긴다. 侮辱(모욕). 受侮(수모). 侮蔑(모멸)

*附驥尾(부기미)
- 명마(名馬)의 꼬리(尾)에 붙으면
열 거름(十步) 밖에 날지 못하는 파리(fly)가

하루에 千里를 달릴 수 있다
예수님 꼬리에 붙으면, 천국을 날 수 있다
5급짜리 바둑 인생이 어찌 9단짜리 神의 뜻을 알리요

＊秘(숨길 비): 禾=礻+必 -神의 세계는 반드시 비밀스럽게 숨겨야 한다
必 = ノ+心 -심뽀(心)가 삐뚤어진(ノ) 놈은 반드시 고쳐야 한다

＊승저증(蠅蛆症) 파리 승, 구더기 저
-파리(fly) 애벌레(구더기)가 살아있는 동물의
생체조직을 뜯어먹으며 기생하는 것
-법곤충감정기법- 구더기를 이용해서 오래된 시신의 사망시간을 추정
＊黽(힘쓸 민. 맹꽁이 맹) -맹공이가 힘쓰게 기어 다니는 모습 '힘쓰다'
繩(노끈 승) 실로 힘들여(黽) 만든 '줄. 노끈'
-捕繩(포승). 自繩自縛(자승자박)

＊맹꽁이와 구더기
-오뉴월이 되면 너무 뜨거우니까, 맹꽁이는 울음을 그치고,
고기는 쉽게 상해서 똥파리 날고(승저증) ,
구더기들이(구더기 저 蛆=벌레+또) 끓는구나
덩달아, 가짜 정치인들도 날뛴다고
매미들이 울고불고 난리친다
25도시를 알려주는 귀뚜라미가 울 때까지

27) 탐탐탐 - 탐진치. 知好樂

탐탐탐
지금(今)도 돈(貝) 타령이냐(貪=今+貝. 탐낼 탐)
분노하면 눈(目)이 제일 참(眞) 된다는
노여움(瞋 노려볼 탐)을 버려라
어리석음(癡))도 버려라
虎視眈眈(호시탐탐). 貪瞋癡(탐진치)의 '탐탐'은 버리고

사람들에게 빛을 비추는 빛(煥)을 찾아(探)
그걸 貪하고(욕심내고), 耽하라는(즐겨라. 知好樂)
탐(探찾을 탐)탐(貪 탐낼 탐)탐(耽 즐길 탐)
'탐탐탐' 하자

*貪瞋癡(탐진치) -3毒
貪欲(탐욕)-욕심 /瞋恚(진에)- 노여움 /愚癡(우치)- 어리석음
花無十日紅(화무십일홍) 꽃은 열흘 붉은 것이 없고
人不百日好(인불백일호) 사람은 백일을 한결같이 좋을 수 없고
勢不十年長(세불십년장) 권세는 10년을 가지 못한다
모든 것이 유통기간이 있다. 욕심을 부리면 망한다

*行不由徑(다닐 행. 아닐 불. 말미암을 유. 지름길 경)
-군자는 지름길로 가지 않는다. 큰 길로만 간다
-徑=彳(척)+ 一 + 巛 +土 . 땅(土) 아래로(一) 흐르는 물(巛)
훌륭한 사람은 隱退(은퇴)해서 큰길로 가지 않으려고 손(⺕)과 손톱(爪)으로
마음을 달달 긁어(工) 언덕(阝)으로 숨는다(숨을 은, 隱)
그러나 세상은 십자가 같은 눈(目)으로 숨어있는(乚,숨길 은) 인재를
곧게(直, 곧을 직) 찾아내고,

비수(匕) 같은 눈(目)으로 숨어있는(ㄴ) 인재가
참(眞, 참 진)인지 분해한다(八)
돈에서 ㄴ을 버리면(숨기면, ㄴ) 道사가 되는데 ....

*冘 =冖 +儿 덮여있는 사람'머뭇거리다'
물에 머물다 沈(잠길 침) 집(冖) 사람(人)머물다
나무에 머물다 베개 枕(침)
즐겨라 耽(귀에 머물다. 즐겨 듣다. 즐길 耽 탐)
눈에 머물다 노려볼 眈(탐) -침침탐탐
-沈默 : 아무 말 없이 잠잠한 상태에 잠기다
探(찾을 탐)- 穴 (구멍 혈穴)의 변형(深과 探)
깊은 굴(穴)에 사람(木 - 大의 변형)이 서있는 형상
氵가 더해져 물이 깊다(深 깊을 심)
扌가 더해져 어두운 굴속에서 무언가 손으로 더듬으며 찾는다(探)
知好樂(老子)
공자 - 좋아서 하는 일은 입는 것. 자는 것. 먹는 것을 잊는다
(의식주을 잊는다. 이것이 진선미의 세계이다)
샤넬 -죽기 전까지 바느질하는 샤넬에게 좀 쉬라고 걱정하는 가족들에게
'너희들은 이게 일로 보이니, 나는 이게 노는 거고 쉬는 거야'
*빌립보서 4:4 -주안에서 항상 기뻐하라(樂). 喜(콩). 自足.
-攝理. 攝生& 貴生. 하나님이 나를 사랑하시니 얼마나 기쁜가?

28) 돼지가 죽어서도 웃는 이유 - 천석꾼은 천 가지 걱정

중국 사람들이 가장 좋아하는 고기는 돼지고기(肉)
돼지의 사료는 주로
하루 10알씩(十)만 먹어도(口) 기뻐지는(喜=十 + 豆 +口),
콩(豆) 때문에 웃는 것일까?

실(糸)을 이었다 끊었다 하는 돼지(緣=彑+豕)에게
사람들이 좋은 인연 맺어 달라고(緣=彑+豕)
제사상에 돼지머리를 올리고,
돈까지 입에 물려주고
소 대가리, 말 대가리 대신 돼지 머리라고 사람처럼 떠받드니
돼지가 웃을 수밖에 없는 것일까?

돼지가 인간에게 모든 것을 바치고 죽으면서
가진 것이 없고 근심 걱정 없으니,
부처의 경지에 들었기 때문일까?

죽어서도 웃을 수밖에 없는 이유는?
집착을 버리면 행복하지요
천석꾼은 천 가지 걱정
만석꾼은 만 가지 걱정
커다란 집에 커다란 바람

*돼지가 인간에게 모든 것을 바치고 죽으면서
가진 것이 없고 근심 걱정 없으니,
죽어서도 웃을 수밖에 없다면서 말을 덧붙인다

천석꾼은 천 가지 걱정
만석꾼은 만 가지 걱정
커다란 집에 커다란 바람

* 이슬람교는 돼지를 '오염된 고기'라고 싫어하는 이유
먼 길 이동하는 유목민과 함께하기는 행동이 느리다.
단체 질서를 지키는 양과 달리 제 멋대로 행동 한다.
유목민들이 먹는 양식과 같기 때문에 경쟁 상대이다.
따뜻한 털을 주는 양, 우유를 주는 소와 달리
살아 있을 때 주는 선물이 없다.

29) 출옥 후 두부(豆腐)를 먹는 이유

콩밥 먹는 교도소에서 출옥하면 두부를 먹인다
콩으로부터 풀려난 두부는
다시는 콩으로 돌아갈 수 없듯이
다시는 옥살이 하지 말라고 (박완서 수필 '두부')

흰 색깔의 두부를 먹고 깨끗한 사람이 되라고,
또는 뼈 없는 고기(無骨肉)로 영양 보충해
허약해진 몸을 빠르게 회복하라는
당부나 염원이 아닐까?

豆腐(두부)의 腐(썩을 부)는 썩은 콩이 아니라
뇌수(腦髓)처럼 연하고 물렁물렁 하다는 뜻으로
삭힌 것을 의미한다
누군가 인생은 늙어가는 것이 아니라
익어간다고 말했는데
두부를 먹는 이유는
인생을 삭혀가라는 의미가 아닐까?

＊府 -중요한 공문서를 보관하기 위해 창문도 없이 견고하게 짓는다
이런 곳에 고기(肉)를 넣어두면 썩게 된다
敗(패)- 돌로 조개를 두드리면 깨진다
腐敗(부패)-고기가 썩고, 조개가 깨진다
기강이 무너지고, 정신이 해이해 진다
＊식당의 부패, 안 먹어야겠네. 으 하하하!

30) 대뇌(大腦)의 色깔

하나님은 인간에게
무지개의 아름다운 색깔을 볼 수 있는 선물을 주셨다
그러나 인간들은
'色' 字는 수컷(人)이 암컷 꽁무니(巴 꼬리 파, 뱀 파)에 붙었다고
남녀화합의 색기를 뜻하는 거라고 멋대로 해석을 하기도 하고,
빨강 파랑의 두 가지 색깔로 이념논쟁을 벌리고 있다
세균도 두 종류의 색깔로 나눈다
보라색의 그람 양성균, 빨강색의 그람 음성균
사람의 대뇌(大腦)도 두 가지 색깔로 나눈다
흰색(白質)과 회백색(灰白質)

뼈와 대뇌(大腦)가 맞닿은 사이에 뇌를 보호하기 위해
3분의 어머니(경막. 지주막. 연막)가 방어벽을 쌓고 있는데
그래도 걱정스러워 그런지
What's matter? 뭐가 문제야 하면서
어머니로부터 생명이 태어나듯
대뇌 자체도 어머니(mater) 비슷한 물질(matter)로 만들어 놓으신 것이
백질(white matter)과 회백질(gray matter)이다

회백색(灰白質)은 뇌의 주요활동을 하고 있는
신경세포들(신경세포체+모세혈관)이
대뇌 피질(껍질 부위)에 많이 모였기 때문이고,
하얀 색(백질)은 대뇌 안쪽의 액손(axon)들이
하얀 수초로 감싸졌기 때문이다

대뇌의 신경 덩어리(회백질+백질) 속에는
'신경세포(neuron=nerve cell)'와 이를 지지하는
'교세포'로 구성되어 있고
교(膠)세포(glia=glue 풀)는 3종류로 되어있다
영양공급을 담당한 별모양의 星狀(성상)교세포(astrocyte),
병원체 감염, 세포손상 보호. 면역담당을 하는 소 교세포(micro-glia),
수초(myelin) 생성을 하는 돌기가 없는 乏突起(핍돌기) 교세포.
(稀(희)돌기 阿膠(아교)세포 oligodendrocyte)

기억 형성을 하는 수초(myelin 신경섬유 주위를 둘러싼 피)의 생산은
희돌기 아교세포에서 한다
운동을 하면 해마에 희돌기아교세포 수가 늘어나고
수초생산이 증가하면
기억력이 좋아진다(흰색=기억력=平常心是道=중용)
반대로 백질의 감소 또는 손상은 인지기능의 저하가 된다
베테랑 택시기사는 공간기억을 담당하는 해마가 보통사람보다 크고,
음악 연주자의 청각피질은 일반인 보다 두껍다
백질이 풍부해야 치매가 방지된다

늙어 흰머리 난다는 것은
소속. 정치적노선. 사상적 경향 따위가 뚜렷하지 않는 회색분자,
불확실하게 아리송하게 하는 회색선전 대신
중용(흰색)을 잘 지키라는 신호가 아닐까요?

*膠(아교 교)=月+翏
月(동물의 가죽이나 뼈를 고아서 끈끈하게 만든 풀, 접착제 glue)
+ 翏(높이 날 료. 날다. 날래다. 굳세다. 굳다)

* 콜라겐(collagen)-단백질의 일종이며, 아교의 원료
-뼈. 피부. 힘줄을 지지하는 조직
-colla (그리스어 kolla 접착제) + gen 생산

灰(재 회) 불(火)위에 손(手)을 올린 모양
손에 막대기를 잡고 남은 불씨를 토닥거리는 불
타고 검게 남은 재

* 신경세포 구성(3가지) -1천억개 . 머리(1,4kg)
신경세포체(cell body)+ 樹狀突起(dendrite 나뭇가지 모양돌기)+
흰색의 축삭(axon)
* 꼬리가 2개 달린 신경세포는 다른 뉴런의 전기신호를 짧은 수상돌기로 받아들이고,
긴 축삭돌기(1m)로 내 보낸다 (손이 2개. 짧은 손, 긴 손)

* 軸索(axon 축삭. 축색/ 굴대 축. /찾을 색. 동아줄 색. 새끼 색. 노 삭)
側索(측삭. 동아줄 옆. 가쪽). 索引(색인). 檢索(검색)
索(삭. 새끼줄)=十 + 冖 + 糸
열(十)가닥의 실(糸)을 집(冖)에서 두 손으로 꼰다
양 손을 비비다 보니, 마치 무언가를 찾는 모습(더듬다. 찾다)
- 신경세포에서 뻗어 나온 끈처럼(동아줄) 긴 돌기
- 신경세포의 축삭(Axon)을 감싸고 있는 수초(myelin)가 전선의 피복처럼
벗겨져 돌덩이처럼 단단해지면(硬化 sclerosis)
다발성 경화증(루게릭병) 및 길랭-바레 증후군이 생긴다.
- 루게릭병 : 긴 돌기(축삭) 측면(가쪽. lateral)의 건강한 신경이
돌덩이처럼(경화증) 변한 병(근위축 가쪽 경화.
筋萎縮(근위축) 측색 경화. lateral sclerosis. 外側경화증.
amyotrophic lateral sclerosis (ALS)
a(없다) myro(근육) trophic(영양상태) sclerosis(단단해짐)
근육이 영양을 잃고 쇠약해진다

* 다발성 경화증(multiple sclerosis)
- 뇌. 척수. 시신경 등의 신경을 감싼 수초가 벗겨져 돌덩이처럼 단단해짐
- 원인 : 자가 면역질환
- 함께 나타나는 동반 질환 : 섬유근육통(fibromyalgia syndrome FMS)
* 이경화증(耳 otosclerosis) -耳小骨이 증식하여 딱딱하게 경화

*고막 색깔

- 정상고막 - 번쩍이는 진주 색깔 pearly gray
- 장액이 고이면(담황색), 점액이 고이면(청색고막)
- 이경화증(고막의 배꼽 부위가 분홍빛 pink , 10%) 紅鶴(flamingo)
  고실갑각promontory의 충혈이 투시되기 때문
  *flamenco(플라멩코, 스페인 집시의 춤)
- 중이염으로 염증이 오면 -혼탁하게 보임
- 선천성 진주종성 중이염(백색 종물). 후천성 진주종(진주 색으로 보임)
- 아드리아海 진주 -두브로브니끄

*혈액이나 조직의 진단하기 위한 염색법

가장 많이 쓰이는 방법 - 액체 염색법
-세포를 시약으로 염색한 뒤 물로 씻어내 현미경으로 관찰
고체 염색법- 상하수도 시설이 빈약한 아프리카에서 사용
-젤 형태로 세포질과 핵을 염색 -말라리아 자가진단(15분)

*鞘腫(칼집 초 / 부스럼 종. 종기 종) -신경초의 세포가 증식하여 생긴 종양

- Acoustic neuroma. vestibular Schwannoma. 청신경 腫. 청신경 초종.
  속귀 신경종 -청신경=8번 뇌신경=전정신경에 생기는 종양 *革帶. 鞁帶. 鞘勒

*Acoustic guitar -전자기타가 아닌 울림통이 있는 보통 기타

*肖(닮을 초) -닮다. 담다(칼을 담는 가죽으로 만든 칼집 鞘)

*種: 곡식은 무거운 씨앗을 종자로 쓴다.
씨뿌리기 전에 물에 넣어 물위에 뜨는 씨앗은 버린다
腫 -암은 영리한 놈이다. 좋은 씨앗처럼 무거운(重) 바이러스를 투입한다

腫瘍의 瘍(종기 양)

- 昜(빛날 양)과 易(바낄/쉬울 역)
  한일(一)자로 해(日)의 4다리를 고정하면 항상 햇볕이 비추고(昜),
  고정 안하면 4다리가 쉽게 바뀐다(易)
- 햇볕이 잘 비추는 땅(土)은 마당(場)이고, 햇볕이 없으면
  축축한 곰팡이가 생기는 병(疒) - 瘍(양)

*섬유근육통 -fibro(tendon 건 + ligament 인대 결합조직)

myo(근육)+ algio(통증)
*由(말미암을 유) -열매(田) 안의 알맹이가 무르익어 터져 나온 모양

油(기름 유) -나무열매를 쥐어 짜 얻은 액체(氵)

軸(굴대 축)-수레바퀴의 가운데 구멍에 끼우는(由) 긴 쇠나
나무로 된 굴대(차축)

則(법 칙. 곧 즉) - 솥(鼎의 변형 貝) 바깥둘레에 중요한 계약 사항을
새겨 기록함. 罰則(벌칙). 犯則(범칙)

側(곁 측) -솥(鼎의 변형 貝)의 곁 표면에 글을 칼로 새긴 것처럼,
사람의(人) 둘레

測(잴 측) -규칙(則)에 따라 물(氵)속 깊이를 잰다. 測定(측정). 推測(추측)

*萎縮性(위축성)

-委(맡길 위) -벼(禾)농사를 남자 대신 여자에게 맡기다. 委任狀, 委員

-萎(시들 위. 시들어 마를 위)

: 풀이 익은 벼처럼 구부러짐. 시들다. 마르다

-宿(잘 숙) -모든(百) 사람(人)이 있는 집(宀). 잠 잘 때 다 모임

-縮 -잠을 자면 실(糸)로 만들어진 이불, 요가 오그라든다(줄어든다)

*硬(굳을 경) -돌(石)은 다시(更) 보아도 '굳다. 단단하다' 强硬派

*세상에서 가장 아름다운 영어단어

-love를 제치고 mother가 1위를 차지(영국문화원 설문조사)

*인간 세포(cell)의 여러 가지 모양

cell 어원: 수도원에서 수사들이 거주했던 작은방(cella)

1) 정자세포 - 올챙이 모양
2) 여성의 난자세포 -인체에서 가장 큰 세포. 구형
3) 신경세포 - 얇은 튜브
4) 줄기세포. 지방세포
5) 뼈세포(파골세포. 조골세포. 골세포)
6) 혈액세포(적혈구. 백혈구. 혈소판)
7) 근육세포
8) 신경세포(뉴런) -짧고 긴 2개의 손이 있다
9) 피부세포(편평. 입방. 원주 상피세포)

*cholesteatoma(진주종성 중이염. 담즙 지방종. 진주종)

- chole(담즙. 콜레스테롤) + steato(지방) + oma(종양 tumor)
- 담즙. 지방. 혈액에 많이 있는 콜레스테롤을 함유한 지방족이란 뜻

- 진주 빛깔을 띠는 종양(pearl like tumor)
- 조직학 발달 이전의 잘못된 병명으로
  진주종에는 실제로 cholesterol 이 없고 대신,
  피부의 각질층이 탈락되어 중이와 같은 좁은 공간에서 자라는데
  육안으로 콜레스테롤 과립과 유사하게 보인다.

*야누스(Janus)
- 로마신화의 神
- 앞뒤 두 얼굴을 가지고 성문, 집의 문을 지키는 神
  뒤 얼굴(과거), 앞 얼굴(미래)
  두 얼굴은 역사를 통찰하여 미래를 준비하는 지혜
  로마인들에게는 전쟁과 어려움을 막아주는 수호신
- 처음과 끝, 시작과 변화, 전쟁과 평화ㅏ를 상징하는 神
- 한해가 끝나고 다른 해로 들어가는 문. 한해의 시작
  1월 January 어원
- 겉과 속이 다른 이중인격자, 두 얼굴의 사나이(헐크)

31) 귀트임

오랫동안 반복해서 소음에 시달리다보면
머릿속, 뼈 속까지 소음이 파고드는 무서운 병에 걸린다
藥도 없다
5천만 우리나라 인구의 70%가
아파트처럼 공동주택에 살고 있고
지난해 소음 민원 건수가 4만 건을 넘은 것으로 봐서
10명 중 7명이 소음에 시달린다는 뜻이다

이런 문제를 해결하는
멋있는 건설사 어디 없소
듣기의 王, 하나님께서
오죽하면 코로나를 보내 마스크로 입을 막으셨을까?

*귀트임 현상 -소음에 반복적으로 노출되면, 어느 순간부터
청각이 예민해져 특정소리가 더 크게 들리는 현상
위층의 물 내리는 소리. 문 여닫는 소리. 잡담 소리까지 들리는 현상
-시끄러운 장소에서 사람들과 대화 할 수 있는 것은
본인이 관심을 갖는 소리만 집중해 선택적으로 듣는 능력 때문

*傾聽(경청)- 남의 말을 들을 때, 귀는 쫑긋하고 목은 기우려야 한다
傾(기울 경. 기울여질 경. 기울어지다)
- 人+匕+頁. 목에 칼(匕)을 대니 움찔하여 기울이는 사람
- 말을 하는 사람은 1)단어, 2)어투(38%), 3)몸짓. 표정(56%)에
주의해야 한다

*莫(없을 막 ++ + 日 + 大) -아무리 큰(大) 해(日)도 작은 풀(++)이 가리네
뜻: 없다(가차). 불가하다. ~하지 말라. ~한 것은 없다(부정대명사)

아무도 ~하지 않는다. 몹시. 매우(莫强. 아주 세다. 더할 수 없이 강하다)
*漠(사막 막) - 물이 없는 곳, 사막.
*鼓膜(고막)의 膜(막 막) -몸(月)을 보호하기 위해 세포나 기관이 없는 것처럼,
외부에 쉽게 노출되지 않도록
가리는 막(莫). 투명한 꺼풀. 얇은 필름
角膜(각막) -눈알의 앞쪽에 나지막한 뿔(角)처럼 약간 볼록하게 나와 있는
투명한 막(膜)
有眼不識泰山 -눈이 있어도 태산을 못 알아본다

*啞鈴(벙어리 아, 방울 령) dumb(벙어리)bell(종)
- 옛날 중세시대 운동기구가 없을 때
교회의 종(鈴을) 소리가 나지 않게(啞) 들어 올리는 운동을 했다.
- 亞(버금 아. 다음 아. 호리병 아) 첫 번째에 막히고 가려서 버금이므로
'가리다. 막히다'
- 啞 - 입(口)이 막히다(亞), 벙어리
- 鈴 - 쇠(金)로 하여금 소리 나게 하니 '방울소리'
- 令(하여금 영, 령) - 사람들이 임금 앞에 무릎 끓고(卩)
있는 모양이니 '하여금. 명령'
冷(찰 냉. 랭) - 얼음 같은 명령이니 '차다'
- 聾啞(농아) 귀머거리
*이명의 최고 치료제는 귀(耳) 위에
龍을 올려놓으면(귀먹을 농 聾) 모든 소리가 없어진다.
龍은 귀가 없으며 뿔로 소리를 듣는다

32) 作別. 惜別의 정

오랫동안 사귀었던 정든 내 친구여
작별이란 웬 말인가
가야만 하는가
어디 간들 잊으리오
두터운 우리 정
다시 만날 그날위해 노래를 부르네

Auld Lang Syne 올드 랭 사인
1788년에 한 노인이 부르던 노래를 바탕으로
스코트랜드의 시인인 로버트 번스가 노랫말을 만들고
윌리엄 실드가 작곡한 곡으로
스코트語로 '오랜 옛날부터(old long since)' 라는 뜻이다

오랫동안 사귀었던 정든 내 친구는 만나보고 싶지만
나이를 먹으니 뱃속도 불편하고,
폐렴의 원인이 될 수 있는 사래가 자주 든다네
꼭꼭 씹어 먹으면
소화액이 음식에 닿는 면적이 넓어져 소화가 잘되고
천천히 먹고, 식사 중에 말을 적게하면
노화성 삼킴장애(사래)는 예방할 수 있다네
그리고 퇴행성관절염. 노인성 난청. 노인성 당뇨. 고혈압 등은
惜別(석별)의 마음이 아니라 영영 離別(이별)하고 싶네

*作別 인사를 나누고 헤어짐

잠깐 만났다가 곧 이별함

作(지을 작. 나누다. 헤어지다. 떠나다)

사람(人)이 인위적으로 대나무처럼 순식간에(잠깐 乍) 만들어 낸다

乍(잠깐 사)=竹+二 순식간에 대나무가 2배로 자란다

別 (나눌 별) 입(口)이 쌔거나(力),

칼(刂)로 가르니(另 헤어질 령. 영) '헤어지다, 다르다'

보통과 다르게 두드러지거나 特別하다(보통보다 훨씬 뛰어나다)

별 사이가 아니다. 별 볼 일 없다

別(별)로 안 좋은데요. 넌 特別(특별)해

夫婦有別(부부유별)

惜別(석별)-이별을 애틋하게 여기는 마음

惜(아낄 석) - 옛(昔)것을 마음(忄)으로 생각하니 '아끼다. 애석하다'

離別(이별) -맺은 관계를 끊고 갈라섬

告別(고별) - 이별을 알리는 행위

33) 夫唱婦隨(부창부수)와 隨筆(수필)

부창부수, 남편의 주장에 아내가 따르다(隨)
남편이 잘났든 못났든
수필, 붓 가는 대로 따르다(隨)
형식에 구애됨이 없이
隨(따를 수), 떨어진 곳으로 가다(辶), 따르다
경사진 언덕(厂)에서는 사람(人)이
반듯하게 서 있기가 힘들고 기울어진다(仄 기울릴 측)
언덕(阝)에서 몸(月=肉)이 좌측(左)으로 기울어지면 떨어진다
따를 수밖에 없다
수나라 수(隋)에 辶이 없는 이유는
왕조가 흔들리고 불안정 하기 때문에 辶을 뺀것 뿐이다
(隋 떨어질 타. 수나라 수)
자연히 따라가는 隨에는
뼛속을 자연히 따라가는 골수도 있고(髓 뼛골 수. 골수 수)
척수가 뇌로 자연히 따라가 연장하는 延髓(연수)도 있다
따라가다가 땅바닥(土)으로 떨어지는
墮도 있다 (떨어질 타. 墮落 타락)

*遂(드디어 수. 이룰 수) 8(八)마리 돼지 떼(豕)가 드디어 갔다(辶). 사라졌다. 完遂(완수)

*골격근은 내 마음대로 움직일 수 있는 隨意筋(수의근)이다 (*참조: 舌氏)

34) 중국인들이 8자를 좋아하는 이유

중국인들이 8자를 좋아한 이유는
재물운, 행운을 상징하기 때문이라네
8을 '빠'라라고 발음하는데
돈을 번다는 '파'와 발음이 비슷해서 그렇다네
노아의 방주(船)에 8명 식구,
돼지 떼도 8명(遂)
쌀 米(미)자도 八十八
혹시 팔등신 미인 때문인가?
존경받는 翁(옹의 八), 장송의 送(송의 八)
피아노 건반 八八개, 八八한 청춘 때문인가?

八에는 도끼(刀)로 서서히 나누는(分) 기쁨도 있다
分知(분수를 알고), 分守(지키고), 分滿(만족)하면
편안해진다(分安)는 分 때문일까

돼지(緣)의 실(糸)을 잡지 말고,
주님(素)의 실(糸)을 잡아야 영생을 얻는 것인데

*昌(창성할 창)
唱(노래할 창. 입이 창성하게 부르다)
倡(광대 창). 부창부수의 준말(倡隨)
-사람(人)이 부위기를 창성하게(昌) 만드는 광대
半身不遂(반신불수) -병이나 사고로 반신이 마비
不遂 - 마음대로 되지 않는다
제사 지내면 - 죄를 지었던 죽은 이도 해탈
자식들은 부모의 은혜에 감사해야 한다

隊(떼 대) 언덕(阝) 밑에 8마리 돼지 떼(무리) 軍隊

* 八等身. 八頭身. cannon(기준, 규범)
頭身指數 -얼굴 길이로 나눈 몸(얼굴 1: 신체 7=8) 배꼽 3, 중요부위 4

* 피타고라스(기원전 582~497?) -황금비율 1: 1.618
- 배꼽중심(3/8등신) - 가장 균형적, 안정감, 아름답게 보이는 비율
-예: 신용카드. 모니터. 영화관 스크린.

35) 80세 말띠가 말꼬리 잡히는 것, 2가지

2022년 호랑이 띠가 되었다
말띠인 나로서는 80이 되는 해이다
말띠들이 싫어하는 것은 말꼬리 잡는거다

나는 두 가지 말꼬리가 잡힌다
공자님이 말씀하신 60에 耳順이라 했는데
아직도 싫은 소리를 들으면
그 소리를 順하게 대응하지 못한다

예수님 말씀 따라
너희 중에 누구든지 으뜸이 되고자 하는 자는
모든 사람의 종이 되어라(마가 10장:44) 했지만
그 섬김의 깊이를 모르고
박사는 자랑하는 것이 아니라
이웃에게 밥만 잘 사주는 '밥사'가 되면 섬김은 충분한 거로 알았다
진짜 섬김(從)은
노예시장에서 건장한 노예들은 모두 팔렸지만
병든 노예 한 사람만 남아 있을 때
그 병든 노예 대신 제가 노예로 팔려 가고
노예는 자유롭게 해주는 것이 진실로 섬김이라 하는데 ......
그럴 자세가 전혀 되어있지 않다는 것이다

36) 雪 氏와 舌 氏

흰색 하나로
온 세상을
아름답게 그리는
화가가 있다
雪氏

한 겨울에는
마른가지에
눈꽃을 그려준다

그 화가 앞에서 사람들은 雪雪 긴다

입 안에는
4개의 젖꼭지로 입안의 바닥을 붉은 색으로 장식하고
온 세상을 말로서 지배하는
세치(9cm) 크기의 舌 氏가 있다

혀(舌) 밑에 도끼가 들어 있으므로
三思一言 하라고 경고한다
그렇지 않으면 쎄가 빠지게 고생한다
개는 잘 짓는다고 좋은 개가 아니듯이
사람도 말을 잘한다고 좋은 사람인 것은 아니다(장자)

*혀(舌 氏)
1)골격근(뼈대근. 수의근. 가로무늬근. 횡문근)이지만 뼈가 없다
　*심장근 - 불수의근이지만 뼈가없는 골격근이다
　*반대 - 불수의근. 민무늬근. 평활근. 내장근
2)조선 8도처럼, 8개 근육으로 구성
3)혀 표면은 4가지 종류의 젖꼭지(乳頭)로 덮여 있으며 맛을 느낀다
-유곽모양. 버섯모양. 실 모양(미뢰 없음). 잎새 모양
4)평활근은 핵이 하나이므로 일생동안 세포분열을 한다
고로 근육이 손상되더라도 복구가 가능하다
5)다핵세포인 골격근은 위성세포(satellite cell)라는 줄기세포를 통해서
세포분열을 한다(근육량을 늘린다)

*蕈狀乳頭(심상유두. 버섯유두)-모세혈관을 지녀 붉은 버섯모양. fungiform
-覃(담) :땅에서 돋는 버섯 菌(균)
:나무에서 돋는 버섯 蕈(심)
-蕈(버섯 심)=빠르게(早) 번지는(西 옮길 서. 서녘 서) 풀(++)처럼
돋아나는 버섯
성곽유두= circumvallate =유곽유두, 용상유두
사상絲狀유두(帽狀모상유두 filiform) 실 모양
葉狀 엽상유두(잎새 유두)
*혓바늘-sore on the tongue. aphthous ulcer. 구내염
-버섯모양의 젖꼭지에 잘 생기며
레이저 치료로 통증이 심한 궤양자체를 제거한다
*탈무드 -가장 맛있는 고기. 가장 맛없는 고기 -혀(舌)
*참조: 隨筆. 夫唱婦隨. 隨意筋

*엽산(葉酸) -처음 시금치 잎에서 발견
-비타민 B9 (11, M)으로 녹색채소의 잎에 많이 있다고 엽산으로 명명
-神이 만든 천연엽산(folate), 인간이 만든 합성 엽산(folic acid)
-임신초기의 신경관 결손. 습관성 유산. 다운증후군, 저체중아 예방

*오돌토돌한 혀(舌) 유두의 역할
1) 음식물의 분해 및 이동(털 모양의 모상유두)

-혀의 대부분은 촉감만 느끼는 실 유두(모상유두. 사상유두)가 가장 많다
2) 식도로부터 음식의 역류를 방지(성곽 유두)
3) 맛을 느끼고, 미뢰를 보호한다.(엽상유두, 심상유두)
유곽유두=성곽유두 -미각센서 혀의 뒷부분 1/3. 9번 뇌신경(설인신경)
버섯유두(용상유두. 심상유두). 잎새(엽상)유두
-미각센서 혀의 앞 부위 2/3 안면신경
미뢰를 유두의 옆 부분 고랑에 침과 함께 위치케 하여
음식물과 마찰에 의한 손상을 피함
도로에 깔린 전선, 수도, 가스 등을 보호하기 위한 아스팔트와 같은 역할을 한다.

*대머리 혀(舌)- 유두가 사라지고 평평한 혀가 되어 유리처럼 매끄러워지면,
B12. 적혈구가 부족해서 악성빈혈 때문에 생기는
'위축성 설염(헌터 설염. 박탈성 설염. Hunter)'을 의심해야 한다.
Hunter -박탈하다. 사냥꾼
도시의 밤을 사냥한다. 바람둥이들이 여자를 유혹할 때 마사는 칵테일
Head hunter -머리를 사냥하는 사람. 전문고급인력을 스카웃

*열 받을 때 매운맛이 당기는 이유
행복 호르몬 4인방 -엔도르핀, 세로토닌, 도파민, 옥시토신
매운 음식은 매운 맛이 아니라 통증이고,
아픔을 완화하기 위한 우리 몸의 방어책으로 행복 호르몬을 뿜어낸다.
그래서 열 받을 때 행복호르몬을 뿜어내는 매운 음식을 찾는 이유이다.

*겨울이 오는 소리

나무들의 옷을 벗는 소리
사람들의 옷을 입는 소리
겨울이 오는 소리이다

*5가지 맛의 역사
1) 단맛 - 에너지가 필요하므로
2) 소금(짠맛) -신경세포들의 원활한 소통을 위해서
3) 신맛 - 상한 음식을 감별하기 위해서
4) 쓴맛 - 식물의 씨앗을 퍼트리기 위해서
동물들이 쓴맛은 독약으로 인식하므로 과일을 먹지 않고 뱉는다.

자연의 맛 - 쓴맛
쓴맛은 일종의 毒으로 인식되므로, 사람만이 쓴맛을 먹는다.
특히 임산부는 태아와 아이를 지키려고 쓴맛 민감도가 높다
쓴 맛을 감지하는 수용체는 25종이다
다른 맛을 감지하는 수용체는 모두 합쳐서 5종
그래서 사람들의 맛을 테스트 할 때는 쓴맛을 기준으로 삼는다
카페인 -쓴맛 성분

5) 감칠 맛=글루탐산염 맛 - 사람들이 좋아하는 구수한 맛
단백질의 기본 물질은 20여종의 아미노산이다
아미노산의 맛은 단맛, 쓴맛, 감칠맛을 낸다
20여종의 아미노산 중, 감칠맛은 글루탐산이 가장 많이 낸다.
글루탐산에 나트륨염이 붙으면 MSG(mono-sodium-glutamate) :미원, 맛소금
glutamic acid, glutamate(글루탐산)처럼 ~ic acid
또는 -ate 가 붙으면 酸(산)이 된다

*신경전달 물질
(예)아드레날린, 아미노산(글루타민. 글루타메이트, 글루타치온) 등 200여종

글루타민 glutamine *달콤한(glu) 사탕무의 즙에서 추출	우리 몸에 가장 많은 아미노산(뇌 연료) 뇌기능을 억제하는 암모니아(질소) 제거 복용하면: 소화. 면역. 노폐물 제거 1)손상된 장 점막 복구(과민성대장증후군, 역류성 식도염 치료) 2)심신안정과 숙면에 좋은 GABA 전구체 3)근육성장, 피로회복
글루타메이트 glutamate =글루탐酸(산) glutamic acid	글루타민을 가수분해하면 글루탐산이 생긴다. 에너지(ATP) 생산 Na 하나 더하면 감칠맛 나는 MSG(mono sodium G)
글루타치온 glutathione	3개짜리 아미노산 (글루탐산+시스테인+글리신) 비타민 C처럼, 으뜸(master) 항산화제

*뇌 영양제 - 포스타티딜 세린
*master-어떤 기술이나 내용을 배워서 충분히 익히는 일
스승. 달인.

*글루타치온 처럼 인기 있는 항산화제들
1) 비타민 C
2) 코엔자임 Q 10(quinone, deca),
co-enzyme=ubidecarenone=ubiquinone=CoQ 10
유비퀴논 - 어원: 라틴어 유비쿼터스 ubiquitous. 곳곳에 존재하다
quinone -벤젠고리에 ketone기(C=O)가 2개 붙어있는 화학용어
Deca(10) -isoprenoid unit 구조가 10개 반복된다고
co-enzyme- 조효소, Q=quinone 약자
미토콘드리아(발전소)에 존재하는 일종의 효소로
피로회복, 영양제, 항산화제, 강심제 등으로 사용
목구멍의 풀린 근육을 긴장시켜 코골이에 도움
모든 점막 회복(위장, 구강)
*글루타치온=비타민 G (신경전달물질 아미노산이 3개나 들어 있다)
코엔자임 Q10=비타민 Q

*입맛 나게 하는 약(식욕촉진제)
- 매 케이스(메게이스)마다 입맛이 다르다
- 메게이스(보령제약) 메게스트롤 에세테이트 -1cc 346원, 1일복용량 20cc
당뇨병(혈당증가), 전색, 발기부전 환자는 금물
처음에는 자궁내막염, 유방암 치료제로 개발

*치매와 후각
개나 고양이는 아무리 맛있는 음식이라도 냉장고에서 바로 꺼내준
차가운 음식은 냄새가 나지 않기 때문에 먹지 않는다.
갓 태어나 눈도 제대로 뜨지 못하는 새끼들이 어미의 젖꼭지를
냄새로 찾는다.
12쌍의 뇌신경은 몸 안 깊숙이 있는데, 후각신경만 유독 몸 바깥인 코 점막에

분포되어 있어 코로나 바이러스 등 외부자극에 손상되기 쉽다.
치매의 원인이 되는 독성 단백질인 베타아밀로이드가
뇌에서 후각정보를 처음 받아들이는
후각 사구체(絲球體, 실타래처럼 둥굴게 뭉쳐진 모세혈관 덩어리, 여과작용)에
축적되기 때문에 치매 때 후각 장애가 올 수 있다.
후각사구체에서 냄새를 정리한 후, 승모세포와 뇌중추로 신호를 보냄.

후각이 떨어지면, 식욕이 줄고 우울증세가 나타날 수 있다(치매까지)

*코처럼 후각 수용체가 있어 냄새를 맡는 곳
1) 정자. 2)근육. 3)신장(장내 미생물 냄새) -혈압 조절
-후각 수용체는 백합꽃 향기를 좋아합니다(정자가 활성화 된다)
百合(알뿌리 100쪼각이 한덩어리 되었다고),
Lily, 나리. lilium=li(희다) + lium(꽃)
백합꽃 향기는 아주 강하므로 고양이와 함께 키우는 것은 피하라고 한다

*五子衍宗丸(오자연종환)-구기자. 토사자. 복분자. 차전자. 오미자
5가지 씨로 인족을 넓힌다. 정자 보충제
*無爲自然의 衍(넘칠 연) 참조

*후각세포의 승모 세포(mitral cell)
심장 승모판(추기경 모자 두 쪽. 2첨판) mitral valve
주교의 모자와 비슷한 승모근(trapezoid)을 제치면
다이아몬드형 마름근이 양측 2개씩(큰마름근+작은 마름근) 나타난다
- 사다리꼴. 수도사 옷의 등 뒤 후드모양 마름모꼴
마름모 -능형근(菱 마름 능) rhomboid. 카드의 다이아몬드
- 비스듬이 기울인 평행 사변형 사다리꼴. *미쯔비시(三菱)의 마름모꼴 3개
삼각형(delta) -deltoid(삼각근) * 델타 항공
대원근(圓 둥글 원) teres(럭비공) major, 소원근(小圓筋) teres minor

*綾州(능주) -다이아몬드가 박힌 비단같이 고운 마을(綾 비단 능)
*錦南路 -남쪽으로 뻗은 비단길
- 竹樹(죽수) -대가 많은 고장. 대처럼 곧은 고장. 조광조의 죽수서원
- 중국에 없는 주자묘가 화순군 능주면에 있다
주자의 종손인 新安朱氏의 시조인 '주잠'의 분묘와 사당이 있다
和順(백성들이 어질고 순한 사람들이 사는 땅)

*坴(=陸) 언덕 륙(육) -흙(土)이 나누어져(分) 양쪽으로 흙이 쌓인 언덕이
고깔 2개처럼(추기경 모자), 옆에서 보면 마름모(rhombus)모습
*菱 -마름모꼴로 모난 언덕(언덕 릉 夌)처럼 자란 마름이라는 식물의 잎(艹)

*會(모일 회) -8(八)명이 한(一)창문(罒)을 열고 '다 모이시오' 라고 말(曰)한다

曾(일찍 증) -8명이 아무 창문(罒)이나 열고 말을 하니 '이미 일찍부터 알던 사이'
僧(중 승) -일찍 일어나는 사람. 가장 일찍 사람다운 사람이 되는 사람

*hood(모자), hoodie, hoody(모자가 달린 옷), 후드 티(콩글리시 후두+티셔츠)
*帽(모자 모) -눈(目)위 머리카락(二)을 가린(冖) 수건(巾)

*免(면할 면) -토끼(兎)가 덫에 걸려 꼬리(丶)가 잘리고 도망치니
죽음을 면하다 (免疫力)
冕(면류관 면)=冃+免 충격이나 전쟁(투구)으로부터 머리를 보호
신분표시(王), 안전(헬멧), 보온, 일광차단, 멋
헬멧 안 쓴 오토바이 운전자 -미국 응급실(장기 기증자), 한국(과부)

*초보자 맛내는 법
- 장설파마 깨후참, 2:1:1:1;1:1:1(간장,설탕,파.마늘,깨,후추,참기름)

*칠리(chili, chile) 소스
- 칠리 열매를 이용하여 만든 매운맛이 강한 향신료, 칠레 고추
*chill, chillness 한기. 오한

37) 業(업) 과 僕(복)

業(업) = 业 (北) + 羊 + 人
죽음과 함께 生業이 끝나면(北 业),
좌우 대칭으로(羊)
지게인 답게(人=丿+乀 =지게를 지고 농사짓는 동물)
잘 살았는지 따지는 것이 業(=北 业 +羊 + 人)이다
業에는 전생에서 현생까지의 몸과 마음으로 지은
모든 행위가 들어있으므로
항상 業을 UP 시켜주어야 한다

僕(종 복=北 业 + 美)은
주인의 끝(北)이 아름답게(美) 모셔야 한다.
僕(從 종. 머슴)은 주인을 배반하면 안된다
한편, 주인은 僕을 손(扌)으로 때려서
멍들게 하면 안된다(참조: 打撲傷 타박상)

*業-일, 업무. 영업. 직업
-북녘. 북쪽으로 가다(北邙山). 달아나다. 도망치다. 패하다. 등지다.
저버리다. 이미 모든 일이 끝나서 손을 쓸 수가 없다. 完了. 마무리.

羊(좌. 악업 + 불. 우 선업 대칭)
人(左측. 丿 별. 몸. 사람 + 右측. 乀 불. 마음. 지게)

對 - 도망친 羊 대하듯 대답하라(寸)
僕(종 복. 부채질할 복. 번거로울 복) 아름다우면 무더기로 번거롭게 좋다
-집안의 번거로운 일을 하는 남자 종
- 부채질 하는 종
公僕(공복) - 국민의 공복, 공무원

撲(두드릴 박) -손(扌)에 무더기로 잡았으니 '두드리다. 치다'
撲滅(박멸). 撲殺(박살). 打撲傷(타박상)

打撲傷(칠 타. 칠 박)-맞거나 부딪쳐서 생긴
외부상처 없이 생긴 피부 안쪽의 멍(bruise. contusion)
打 -손(扌)에 망치를 들고 못(丁)을 치다 ＊打令(타령)
撲 -손(扌)으로 종(菐)을 때려서 멍들게 하지 마라
擦過傷(문지를 찰. 지날 과. 다칠 상) -
무엇에 스치거나 문질러져 살갗이 벗어진 외부에 드러난 상처
擦(비빌 찰. 문지를 찰) -손(扌)이 살피면서 비비다. 문지르다. 마찰하다
-집(宀)에서 제사(祭)를 지낼 수 있는지
몸과 마음 그리고 집안 모두가 청결한지 여부를 살핀다
捻挫(비틀 염. 꺾을 좌)-갑작스러운 충격이나 운동으로 근막. 인대가 상한 것
捻(비틀 염) -손(扌)을 사용해서 생각한 것을 다시 비틀어 생각한다
挫(꺾을 좌) - 손(扌)이 서있는 두 사람을 흙에 앉힌다(坐)
倉(창고 창)=食+口, 먹을 것을 에워싸고 있는 곳, 창고
瘡(부스럼 창) -고름(疒)이 집(倉)처럼 생긴 것, 부스럼
創(비로소 창) -창고를 지을 재목을 칼(刂)로 자르니 '비로소'

턱이 통통한 사람은 뾰족한 사람보다 말년 운세가 좋다
奴僕宮(노복궁)-종의 많고 적음. 인복이 있느냐 없느냐
-아랫사람에게 사기 당하다. 사악한 노비가 주인을 기민하다
-(예)박근혜 대통령 턱 면도칼 사건 때 생긴 흉터 -탄핵
-지금은 우인과의 관계로 해석하므로 노복궁을 교우궁이라 한다
노복궁, 턱이 부족한 사람(뾰죽) - 암이 가장 싫어하는 웃는 연습을 하면
턱이 통통해 진다.
사랑은 사람들을 미소 짓게 한다
奴(종 노)

＊웃으면
1) 복이 온다.
2) 암 예방
3) 노복궁
4) 죽은 후, 천국으로 간다는 생각
5) 사랑이 온다

*죽음과 함께 生業이 끝나면
좌우 대칭으로(羊)
지게인 답게(人)
잘 살았는지 따지는 것이 業이라 했다
좌우 대칭으로(羊) 중앙(央=冂+大) 에서 잘 살았다면
영광의 꽃(++) 다발을 받는다 (英. 꽃부리 영)

38) 惠存. 惠覽. 惠鑑

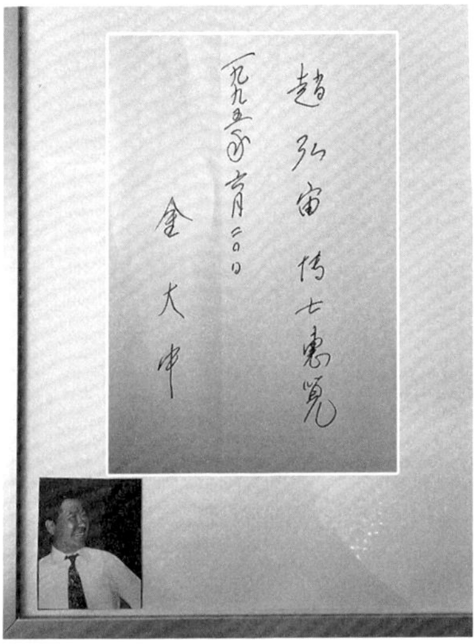

저서를 선물할 때
책을 받는 상대편의 이름과
함께 쓰는 한문이 있다
홍길동 惠存(혜존),
받아 간직하여 주십시오
홍길동 惠覽(혜람),
헤아려 보아 주십시오
홍길동 惠鑑(혜감),
잘 보아 주십시오

혜존의 뜻을 그대로 받아들여
읽지 않고 보관만(存) 하는 분들도 있다
꿈보다 해몽이 더 중요한데 ...

臣(신하 신)- 머리를 숙인 채 위를 쳐다보는 눈,
굴복과 감시의 이미지. 노예상징
監(살필 감) - 사람(人)+물그릇(皿)에 어리비치는 모양(一)
어리비치는(一) 자신의 얼굴을 굽어보다(臣)

＊**覽**(볼 람) - 철저하게 살펴보다(見)
鑑(거울 감) 金+監(살필 감)-동판으로 얼굴을 볼 수 있게(監) 만든 거울
白眼視 -눈동자 없이 흰자위로만 째려보는 것
남을 무시하거나 업신여기는 태도
반대 -青眼 -푸른 눈으로 반갑게 맞이 한다

39) 머니머니 해도 머니(貝)가 최고야 - 패총

돈은 귀신 수염도 뽑는다고 한다
벌레도(虫) 돈(貝)만 있으면 貴(虫+貝)한 대접을 받고
선생님(先先)도 돈(貝)을 주어야 칭찬(贊)해 준다

어른이 아래쪽을 내려다보면서(臣)
돈(貝)을 주어야 (又) 현명하다(賢 어질 현)는 소리를 듣는데
사람의 몸(月)에서 알콩달콩 하게 현명한 역할을 하는
콩팥(腎 콩팥 신)의 가격은 얼마나 될까?
암시장에서 3억 원?

*암시장 매매가에서 억대가 넘는 장기가 3개 있다
신장(2억 9천), 간(1억7천), 심장(1억3천)
*신장이식 종합병원 치료비는 1천만원 정도이고, 생존률은 13~24년

*蟲(벌레 충) -살무사가 도사리고 있는 모양
虫(벌레 훼) -큰 머리를 가진 뱀의 모양
벌레(虫)도 돈(貝)만 있으면 귀(貴한) 대접을 받듯이
어지럼증 환자 집안(宀)에는 꿀을 만드는 벌(虫)이 반드시(必) 있어야 한다
-蜜(꿀 밀. 宀+必+虫). 蜜月旅行(밀월여행)
나비(虫) 날개 닮은 나뭇잎(葉)을 만나면 蝶(나비 접)
벌레(虫)가 弘(클 홍)을 만나면 强(강)해진다

*卉(풀 훼) -花卉(꽃과 풀. 꽃이 피는 풀) -인간에게 행복감을 준다
卉=十 + 廾 열(十)보다 많은 풀(廾). 받들 공(廾)-십자가를 받드는 풀

*賢君. 賢明. 貴. 贊
惠(은혜 혜) -은혜 뜻 외에 상대방을 존경하는 敬語(경어)도 있다
*貝塚(패총) -조개더미. 생활쓰레기터. 무덤. 산꼭대기. 야구 마운드(mound).

고분. 언덕. - 패총은 무덤이 아니다

- 선사시대 사람들이 먹고 버린 조개껍데기 등 쓰레기 터

塚(무덤 총) =土+冖+豕(돼지) -희생물을 싸서 바치고 그 위를
흙으로 덮는(冖) 무덤

* 도둑이 훔친 돈 -슬그머니

40) 10억원

고등학생 47%가
10억원이 생긴다면
죄를 짓고 1년정도 감옥에 가도 괜찮다고 생각했다네
행복은 돈이나 명예가 가져다주는 것이 아니고
좋은 인간관계가 가져다주는 것인데 ..

하나님은 우리가 평안하고 행복하기를 원한다
하나님은 지금 있는 것에 만족하라 하신다

마귀는 처음부터 일관되게 가진 것이 부족해서 불행하다고 속삭인다
똥이 없으면 음식물이 몸에 그대로 쌓여 죽게 된다

명품가방 말고
명품 인생이 되어야 한다

스탠퍼드 대학이 생긴 이유는
'아버지, 제가 살았을 때는 저 하나만 키우셨지만
제가 없으니 미국 젊은이 들을
저를 키우는 정성으로 잘 키우세요' 라는
아들의 한마디였다

*億(억 억, 많은 수 억, 편안할 억)
-사람(人)이 억만금이 있으면 만사 뜻대로(意) 할 수 있어서 편하다
如意珠 -뜻을 원하는 대로(如) 이루어지는 구슬

기도. 도깨비 방망이. 스마트 폰

*좋아서 콧노래(音)를 흥얼거린다
마음(心)도 좋아지고 모든 것이 내 뜻(意)대로 된다
如意珠(여의주)를 갖는 기분이다

億이란 사람(人)이 내 마음대로(意) 할 수 있다는 큰돈이다
내 몸(己)이 億을 갖는다는 것은 힘든 것처럼
한글로 보면 기억할 억(憶)이나 0이 8개인 억 억(億)은
같은 '억'이니까
마음속(忄)의 뜻(意)을 기억하는
記憶力의 憶 역시 기억하는 것은 힘들다

여의주를 가지려고 고민할거 없다
왜?
긍휼히 여기는 자는 복이 있나니 그들이 긍휼히 여김을
받을 것이요(마태 5:7. 산상수훈) 라고 했으니
내 뜻대로 하지 마옵시고, 아버지(神)의 뜻대로 하옵소서(마태26:39)
기도만 하옵소서

*矜(자랑할 긍)=矛(창 모)+今(이제 금)
-지금 창을 가지고 있으니 '자랑하다'
-곧 전쟁터에서 죽을 수도 있으니 '불쌍히 여기다'
恤(불쌍히 여길 휼) -전쟁터에서 피를 흘리고 있는 사람을
보면 불쌍한 마음이 생긴다

누군가에게 자비를 베풀면 그자비가 자신에게도 돌아온다는 뜻
*국가적 또는 사회적 차원
- 구휼(재난을 당한 사람을 금품으로 구제함
긍휼=공감능력 -남의 어려운 처지에 동참하는 것
- 도로에서 자동차가 고장을 일으키면 많은 사람들이 도와준다

41) 뇌와 뇌물

뇌(腦)와 뇌물(賂物)은 한글로 글자가 비슷해서 그런지
뇌물을 좋아하는 사람들도 있다
각각(各各) 사적으로 돈(貝)을 받는다는 '뇌물 줄 뇌(賂)' 字는
공적이 아니다
이 돈(貝)을 받고
잠을 잘 잘 수 있으면 선물이고
잠이 오지 않으면 뇌물이다

* 各(각각 각)=夊(천천히 걸을 쇠. 뒤 처져 오다 치)+口
-뒤에 오는 사람의 말(口)들이 모두 다르니 '각각'
-반대의견
-서울에 오신 이유는?
직장에 가려고
친구 때문에, 쇼핑하려고
-검찰에 불려 가면
기업인은 금품을 제공했다고
받았다는 정치인은 받은 적 없다고

*腦(뇌 뇌. 골 뇌) -사람의 몸(月)에서 생각이 흘러 다니는(巛) 머리
囟 (정수리 신) -갓난아이의 정수리는 굳지 않고, 덜 닫힌 상태이므로
숨 쉴 때마다 숨구멍 부위인 정수리가 발딱 발딱 뛴다
- 옛날에는 덜 닫힌 정수리 구멍으로 미세한 氣가 흘러나온다고 생각
*思(생각 사)=田(囟의 변형)+心. 머리와 마음으로 깊게 생각한다
*細(가늘 세) -정수리(田 -囟의 변형)에서 보이지 않는 실처럼
미세한 氣가 흘러나온다 - 가늘다. 작다. 드물다

*惱(번뇌할 뇌) -머리에서 올라가는(巛) 아지랑이(氣)가 열이난다

42) 80세 모세와 2280m 시내 山 - 시온. 오죽헌

모세는 80세에
가시덤불이란 뜻을 가진
2280m 바위로 만들어진 시내 山(Sinai mountain)을 올라가서
10계명을 받아왔다

시내 山은
이집트 시나이(Sinai) 반도 남부에 위치하고 있으며
가시(떨기)나무가 무성한 곳이다

뾰족하고 긴 가시가 박힌 가시나무를
평생 쫓아 다니면서 그 나무를 찾아내면 돌진해

가시에 박혀 죽어 가면서 가장 아름다운 노래를 부른다는
신화 속 새, 가시나무 새

성경에 나오는 가시나무는
볼품도 없고, 가치도 없고, 쓸모도 없다
예수님은 사랑 때문에 가시나무 새가 되어
가시나무 인간들을 찾아와서
가시 면류관을 쓰시고
인간의 가시에 찔려
고통가운데 죽으시면서
인간들에게 새 생명을 주셨다
일생에 단 한번 우는 가시나무 새처럼

*나이 80세인 모세는 2280m의 시내 山을 오르기 전에
오를까 말까 catch 22(딜레마. 진퇴양난. 어려운 상황)에 빠졌을 것이다
딜레마 = di(two)+lemma(명제. 제안)
시온(zion) -예루살렘에 있는 작은 山, 성지의 언덕. 시오니즘
아그네스(Agness) -카돌릭의 처녀 순교자. 聖

*호랑가시 나무와 크리스마스
상록성의 초록 잎 사이의 빨간 열매가 도드라지는 나무
대표적인 겨울나무, 크리스마스 나무
잎 가장자리의 가시가 호랑이 발톱을 닮았다고 생긴 이름(호랑이 등 긁개 나무)
서양에서는 예수의 가시면류관을 만든 나무
예수의 이마에 박힌 가시를 뽑아내다가 몸이 찢겨 피를 흘리며 죽어간 작은 새
'로빈'이 좋아하는 먹이여서 예수의 수난과 함께 기억하는 성탄 장식용 나무

*이스라엘이 이길 수 없는 2 나라 -남한과 북한
*화교가 살기 힘든 2 나라 -미국과 한국
*이스라엘이 한국보다 한 수 위인 이유
한국의 북쪽 백두山 (2,744m) 보다

이스라엘 북쪽의 헬몬山(2,814m 뜻: 거룩한 산)이
70m 더 높기 때문일까? (일흔 번 씩 용서해주라는 예수님)
-이 山에서 흐르는 물이 요단강을 거쳐 갈릴리 호수
-요르단 국가 이름 -요단강에서 기원
-요단江 - 단 샘(泉. 江)에서 내려온다고(요)

43) 天路歷程(천로역정) - 엠파이어 스테이트 빌딩 102층. 순례. 임자도

세상에는 여러 종류의 사람들이
살아가고 있다
보이는 세상만 좇으면서
살아가는 사람도 있고,
하늘나라에 소망을 두고
하늘이 홍해 바다처럼 갈라져
천국으로 가기를 바라는 사람도 있고,
속죄하기 위해 제 눈을 찌른 오이디푸스도 있고,
천천히 흘러야 쫄쫄쫄 소리 내는 시냇물의 이명을
하나님의 말씀으로 들으면서
산티아고 성지를 천천히 순례하며
살아가는 사람도 있다

* 天路歷程(천로역정) 저자 존 번연(John Bunyan)
The pilgrim's process 천국으로 가는 길
The pilgrims(pilgrim Fathers)
신세계 미국 에서 종교적 자유를 찾고자 1620년
메이플라워호를 타고 미국으로 건너간 102명의 영국인 순례자
영국의 플리머스 항구에서 출발했기 때문에 도착한
메사추세츠 주에 정착한 그 곳을 플리머스(Plymouth)라 함
* 엠파이어 스테이트빌딩 102층인 이유(102명 기념)
* 잠실 롯데 123층(알기 쉬워 라고. 원투쓰리. 하나둘 셋, 555m)
ply=접다. 주름. 겹. 구부리다
duplicate=du(=Two 두 번)+fold(접다) , 복사하다
multiple=multi(=many 여러번)+ple(=fold 접다)
다수의. 복잡한. 배수의

apply=ap(=ad+to ~을 향하여)+ply(=fold 구부리다)

적용하다. 응용하다

plymouth=ply(접혀진, 주름진)+mouth(입. 입구. 항구)

巡(돌 순)-川을 부수로 쓰일 때 변형

하천(川)이 천천히 흘러가듯이 순행한다는 뜻

禮=제사(示) 그릇(豆) 위에 음식(曲)을 풍족하게 올려놓은 모습

曲(굽을 곡) -굽다. 굽히다. 모나지 않고 부드러운(婉曲 완곡. 순할 완)

바르지 않는(歪曲 왜곡, 사실과 다르게 그릇됨)

-곧은 것은 단조롭지만(직선은 인간의 선이고),

구불구불 굽은 것은 변화가 많다(다채롭다)(곡선은 神의 선이다)

-曲의 반대말 直(곧을 직)

-곡선의 하나님을 상징하는 십자가(十)를 향하는

인간의 눈(目)은 숨지 않고(ㄴ) 곧은 직선이어야 한다

-전차와 自主砲(자주포)

전차(적과 마주 보며 직접 사격.- 직선. 인간),

자주포(적에게 안 보이는 후방에서 곡선으로 화력 지원, - 神)

말을 할 때는 단조롭지만, 노래를 할 때는 변화가 다채롭다

소리의 높낮이나 길이의 변화가 많은 음의 연속, 가락을

의미한다(作曲)

-음식을 담는 광주리, 曲+곳간=곡간.

豊(풍성할 풍. 제기 豆 위에 곡식)-골짜기(曲)에 콩을 심어 수확 -풍년

-밭(田)의 경계가 살짝 허물어지면 由

크게 변하면 曲

-曰(가로 왈)에 젓가락 1개 넣으면(由), 발음이 자유롭지만

2개 넣으면(曲), 발음이 비뚤어진다

豆 - 콩 외에 그릇이라는 뜻도 있다

巡禮(순례)-종교발상지 등을 찾아다니며 방문하여 예를 지켜 참배함

歷(지낼 력. 지날 력) -언덕(厂)만큼 많은 벼(禾)를 쌓아놓고

쉬면서(止) 돌이켜 본다

벼(禾)이삭의 수만큼 살아온 것을 멈추어 돌이켜 본다

歷史(역사) 지낼 역, 역사 사

- 인류사회의 변천과 흥망의 과정을

쉬면서(止) 돌이켜 보는 기록

壬(줄기 정)- 삐뚤어진(丿) 선비(士)는 간사하므로 후에 큰 죄업을 짊어짐 (맡을 임
任, 배낭을 짊어진 사람)
높은 흙(土) 위에 서 있는 사람 - 나타내다. 드러내다
荏子島의 荏子(荏 들깨 임+ 子 열매) - 기름을 짤 수 있는 '깨(++)"가
많다고 임자도

呈(드릴 정) -입(口)으로 자신을 나타내다
贈呈(증정) - 주고 드리다
程(길 정. 헤아릴 정) -곡식(禾)을 쌓고 무게를 잴 때나
세금을 낼 때는 벼(禾)의 무게나 양을 법칙대로 헤아려
정확하게 말해야하고 법칙대로 따라가는 길
程度껏 먹어! 분량이나 한도
聖(성스러울 성) -언덕 위의 사람이 하늘의 말씀을 듣고(耳)
다른 사람에게 입(口)으로 전하는 사람

前程萬里(전정만리)
鵬程萬里(붕정만리)
앞길이 만리 이다. 장래가 유망하다. 양양하다
鵬(붕) - 9 만리를 날아가는 상상의 새 (앞길이 9 만리)

* 사도 바울이 서쪽으로 간 이유

사도 바울이 동쪽 아시아로 가기를 원했으나
서쪽 유럽으로 간 이유는
성령이 아시아에서 말씀을 전하지 말고
마게도냐로 가라(사도행전 16장 5~10)하셨기 때문이다
로마 - 유럽 - 영국 - 미국, 카나다 - 한국
앞으로 말씀을 전하는 서쪽은 중국을 거쳐 인도
마지막 그리운 고향 예루살렘으로

西(서녘 서)는 저물 무렵(sun set)에
새가 보금자리를 찾아 들어가 앉은 모양으로
삶에 지친 인간들에게 황혼의 아름다움을 주기 위한
평온한 천국을 뜻하리라

西(一+儿+口)쪽은 최초의(一) 사람이(儿) 살던 에덴동산(口)이다
사과 먹고 쫓겨난 아담이 동쪽으로 이주 후,
서쪽에 있는 고향을 얼마나 그리워했을까

지구는 동쪽으로 자전하므로(1609 km/시, 0.447 km/초)
동쪽으로 가는 게 더 빠르다
서울에서 서쪽 LA까지 비행기로 11시간
LA에서 동쪽 서울로 오는 시간은 13시간
왜? 바람 때문에

*set 와 sit
sun rise(해뜨기, 해돋이), sun set(해지기, 해넘이, 낙조)

	set	sit
동사변형	set -set -set	sit - sat - sat
	타동사(목적어 항상 필요)	자동사(목적어 -)
	물건을 놓다. 배치하다. 맞추다 setting 하다(현재 분사형)	앉다 sit down(앉아라)
	자동사 -해와 달이 진다	

44) 종이 비행기 -호두알 Walnut

주름 없는 종이비행기는 날지 못한다
상처가 없는 사람은 멀리 날아가지 못한다
주름 잡는 사람은
자기가 모든 것을 다 알고 잇는 것처럼 훨훨 난다
내가 누군지 알아 ?
내가 너만 했을 땐 말이야
내가 그걸 왜 해?

위장에도 주름이 많아야 소화를 잘 시킨다
위장에 주름이 없으면 위궤양이라 한다
얼굴 주름은 천국 가는 기름길 인데
돈 주고 주름살 없애려고 보톡스 주사를 맞다니?

고집이 세고 다른 사람을 배려하지 않는 꽉 막힌 사람들이
갈 수 없는 천국에 갈려고
번데기(경상도 사투리 꼰데기. 꼰대) 앞에서 주름 잡는다고 한다

1~9까지 3은 8로, 1은 7로 등등 모두 고칠 수 있으나
팔자소관 때문에 8자는 안된다고 한다

어떤 점쟁이가 자기가 본 관상으로는,
완전히 망해서 죽을상을 가진 팔자인데
행복하게 살아가는 게 하도 이상해서
그 뒤를 따라가 보니 교회로 쏙 들어 가드라는 것이다

바로, 교회야 말로
꼰데 팔자(8)도 천국에 갈 수 있는 방법이 아니겠는가?
젊은이들은 천국이고 뭐고 관심이 없다
오직 다이어트 뿐이다
뒤짐 자세로 8자 걸음을 걸으면 간단하게 해결된다
자세가 굽으면 뇌는 몸의 불안을 느끼고
앞에다 지방을 실어주는데
뒷짐자세는 반대로
배에 실어놓은 지방을 뒤로 처리해주기 때문이라네

*주름진 호두(胡桃 호도. walnut) 알
오랑캐(胡) 나라에서 들어온 복숭아 씨앗과 닮은 과일 호도(호두)
腦(뇌)를 닮은 호두
*호두알 굴리기 - 기혈순환. 치매 예방(손바닥 자극으로 뇌가 젊어진다)
*squat(스쿼트. 스쾃) -근력운동의 王
뜻: 웅크리다. 쭈그리다. 펄썩 앉다
공유지에 무단히 거주하다(목동 남의 땅 양치기, 예술가 빈집 점거)
웅크리기. 쭈그린 자세
*Rugue(루개. 라틴어 / 영어: Ruga 루가. 주름, 위장, 입천장, 이마, 방광 등등)
- 우산을 접었을 때 생기는 주름형태
음식 섭취를 최대한 확대 후 영양소 흡수
- 방광에 오줌이 찰 때 -detrusor muscle(배뇨근 排尿筋)이
주름(rugae)을 펴서 많이 차게 한다
-오줌을 눌 때 -평활근(smooth muscle)이 수축한다

*신경외과 전문의가 CT 필름을 보면서 '주름이 없네' 라고 말하면?
뇌경색(腦梗塞)이다. (회백질과 백질 사이의 주름)
塞(막을 색, 변방 새. 요새 새))=宀+井+一+人+土
집에 있는 우물에 한 사람이 흙으로 막는다
변방에서 적을 막으려고 흙으로 성벽을 쌓는다(요새. 塞翁之馬)
*주름이 생기면 큰 일 나는 곳 -황반

황반(黃斑)주름 -황반의 표면에 망막 앞막이 생겨
주름지고 두꺼워지면 시력이 나빠짐

*detrusor = de (down 아래로)+trude (push 밀다)
*排(밀칠 배) - 손(扌)으로 서로 반대하는 행위(排斥 배척하다)
非(아닐 비) -새 날개가 좌우로 서로 등지고 있다
俳優(배우) -사람도 아닌 것이(俳), 타인의 역할을 하는 사람
徘(어정거릴 배) -徘徊 (배회)

45) 徘徊(배회)하는 癡呆와 排球

비수(匕)인지, 화살(矢)인지, 창(矛)인지
무엇에 다친 줄도 모르고(癡)
나무(木) 밑에서 떨어지는 과일을 받아 먹는 게 도린데
나무위에서 받아먹으려는(呆) 치매환자는
눈 깜짝할 사이에 집을 나가 실종되어
가족들의 안타까움을 불러 일으킨다

전전긍긍한 가족들에게 희소식 하나
국민건강보험공단 고객세터(1577-1000)에서 운영하는
'배회(徘徊) 감지기'란 게 있다
2021년 1월부터 10월까지
실종된 치매환자 신고건수는 무려 1만 7천여 건
실종치매환자 발견시간은 평균 660분
배회 감지기를 착용하면
12배 단축된 평균 55분 소요된다
목걸이 형, 열쇠고리 형, 침대 밑이나
현관문 앞에 설치한 매트 형이 있다
치매환자는 자신은 날개달린(非) 천사이지만
그 가족의 고통은 천사가 아니다

*공단. 경찰청. 보건소에 문의
徘徊(배회)
徘(노닐 배, 어정거릴 배, 배회할 배)
　彳+非 - 양쪽(날개 非)을 이리 저리 거닐며)(彳) 왔다 갔다 함
徊(돌 회) 물이 소용돌이 치는 모양

感知(감지) -느끼어 앎
排除(배제) -받아들이지 않고 물리친다
排(밀칠 배. 밀치다. 물리치다) -새가 날개(非)를 펼치듯
 손(扌)을 벌려 적을 물리친다
除(덜어내다. 덜 제)=阝+余(나 여, 나머지 여)
 언덕(阝)의 나머지(余) 부분을 깍아내려(덜다. 감하디) 정자를 지은다
 除去. 免除
余(나 여, 나머지 여)=人 + 一 + 木
 나무(木) 위에 나머지 한 사람밖에 없으니 '나. 나머지'
癡(어리석을 치)=疒+匕+矢+矛(창 모의 머리)+疋(발 소)

46) 알파와 오메가 - 의식주와 진선미

말이 안 통한다
버릇이 없다
예절을 모른다
저 밖에 모른다
4차원 인간이다
자율성을 주면 날뛰지만
간섭하고 통제하면 거침없이 대든다
기성세대를 꼰데라 부른다

사원이 임원보다 똑똑한 세상
학생이 교수보다 똑똑한 세상
병사가 장교보다 똑똑한 세상
자식이 부모보다 똑똑한 세상
신참이 고참보다 똑똑한 세상
세상을 초역전사회로 만든 MZ(20~40) 세대들
스마트폰과 디지털 세계의 직접적인 영향을 받은 세대인
그들은 누구이며 왜 그럴까?

20세기 끝에 태어난 세대라고, 알파벳 끝 무리 Z와 같다고
이름 붙은 Z 세대(1997~2006)
21세기 새천년을 맞았다고
이름 붙은 M(밀레니움) 세대(1985~1996)
2022년 기준으로 보면 16~37세의 청년계층이다

한 해에 100만명 이상 태어난 가난했던
베이비붐 세대(1955~1974)와 달리
MZ 세대는 40~60만명 태어난 여유롭고 경쟁이 적어
대학 진학률이 80%에 달했던 축복받는 세대이다
성장기에 인터넷, 스미트 폰, 소셜 미디어의 신기술 혜택을
본격적으로 누린 세대이다
현금과 카드를 사용해 봤고
스마트폰이 몸의 일부이고 24시간 끼고 사는 세대로
군대에서 스마트폰을 허용했더니
우울증과 자살률이 급격히 감소하는
포노 사피언스 이다
가치관이 자유롭고 개인주의 성향이 짙은 신자유주의,
정보화 사회 1세대, 무한경쟁, 승자독식,
개인주의(경쟁체제, 차등보상제 도입)와 민주화 의식이 강하고
조국과 국가를 위해 희생하며 살아 온 부모세대와 달리
컴퓨터(데스크 탑)가 더 발달된 노트북을 휴대하며
오락(스타크래프트. 닌텐도게임기)과 생활의 도구로 사용했다
더 나아가
알파(Alpha) 세대는
카드와 전자결제에 익숙한 세대
직접 사람과 마주하고 소통하는 대신
로봇과 친숙하고 인공지능세대
기계와의 대화에 익숙하고
디지털 기술을 습득하는 세대
글자를 배우기 전부터, 책을 읽기 전부터
화면을 보고 넘기며 클릭하는 세대
동화, 반려동물보다 기술을 더 좋아하는 세대

여러 곳의 도시에서
여러 개의 직업을 병행하며
삶을 선호하는 '멀티 라이프' 세대
또한 결정 장애(햄릿 증후군. May be 세대) 세대이다

부모, 조부모, 외조부모, 이모, 삼촌 등 8명의 친척이
아이를 위해 지갑을 여는 세대라
8-pocket(에잇 포켓) 세대라고도 하고
왕자나 공주처럼 귀하게 키운 외동아이들이라
gold kids(골드 키즈) 라고도 한다

노트북, 스마트폰 대신
5G, AI, 빅 데이터, 로봇, 드론, 메타버스가
이들의 생활 도구이고 경쟁무기가 된 것이
마치 칸트가 말했던 神처럼
새로운 神이 되지 않았나 걱정이 된다
순수이성으로 보면 자연계에 神은 존재하지 않는다는 칸트의 말에
신앙심이 깊었던 하인이 눈물을 흘리자
질서가 잡히고 선악의 가치가 필요하고
인간이 사랑한다면 神이 필요하다고(실천이성) 위로를 했었다
이런 재미있는 神에 푹 빠져(樂)
밥 먹는 것, 잠 자는 것, 옷 입는 것(의식주)을 잊는 세대들은
오늘을 즐겨라(Carpe Diem)
피할 수 없으면 즐겨라(스트레스에서 건강으로 저자 로버트 엘리엇)만
하지 말고
하나님 안에서 진선미를 찾아 즐겨야 한다
그리고 天命(천명)을 기다려야 한다(盡人事待天命)

하나님 밖에서 찾으면 제 2 에덴동산의 사과 사건이 된다
왜냐하면, 하나님(예수님)만이
이 세상의 알파와 오메가 이기 때문이다(계시록 1:8)

*요한계시록에는 지상교회 7개(2.3장)와 천상교회(4.5장) 1개가 나온다
천상교회 중심에 보좌가 있고 보좌에 앉으신 분이(5절)
알파와 오메가요, 처음과 마지막이십니다(6절)
*칸트가 자연계에 神은 존재하지 않는다(순수이성)고 하자
하나님만 믿고 살았던 그의 하인이 눈물을 흘리자, 존재하지 않지만
인간이 사랑한다면 神이 필요하다(실천이성)고 이야기 해준다.

*매슬로(Maslow) 욕구 5단계
1) 생리적 욕구(의식주)
2) 안전욕구
3) 애정(사랑)과 소속(인정)의 욕구
4) 존중욕구
5) 자아실현의 욕구(영성)

*의식주는 짐승도 한다
사람은 리빙(의식주)을 위해서 노동하고 산다면 고된 인생이다
사람은 라이프(진선미의 기쁨), 자기다움의 세계를 살아야 한다
진 -무엇이 옳고 그른지, 무엇이 참다운 삶인지
선 -어떤 행동이 착한 것인지
미 -무엇이 아름다움인지 생각하는 삶
진선미를 아는 사람은 밥을 굶어도 웃는다

*의식주를 떠나 하나님을 믿는 것이 참다운 진선미이다(찬송가 588)
공중 나는 새를 보라
농사하지 않으며
곡식모아 곳간 안에 들인 것이 없어도
세상 주관하시는 주님이
새를 먹여주시니
너희 먹을 것을 위해 근심할 것 무어냐

* 결정 장애 세대 - 헬리콥터 부모. 아마도(May be)
고슴도치 딜레마. 不可近不可遠(불가근불가원)
-지방이기 때문에 산패 주의
* OME(otitis media with effusion) - 삼출성 중이염
* 오메 ! 단풍 들겄네, 김영랑 시인
* A 세대 -소득수준이 높고, 자기 투자(명품)에 적극적인 40~50대 여성
-Ageless(나이 초월), Accomplished(성취한), Alive(생동감 있는)

47) 개와 늑대

어둠이 깔리기 시작한 황혼은
개와 늑대의 시간이라고
프랑스인들은 멋들어지게 비유한다
저기 보이는 짐승이
내가 기르던 개인지
나를 해치는 늑대인지 알 수 없다는 뜻이다
미래는 과연 친근한 개일까
위험한 늑대일까

복음을 전해도
불의를 행하는 자나 더러운 자는 그 상태로 머물러 있다(계 22:15절)
개들과 음행하는 자들과 살인자들과 우상숭배자들과
거짓말을 좋아하며 지어 내는 자
다 성 밖에 있을 것이다
그들은 불과 유황으로 타는 못에 들어가게 될 것이다

내가 진실로 속히 오리라(계 20)는 복음을 들은 자들은
아멘, 주 예수여 오시옵소서 라는 자세로
성 밖에 있지 말고 再臨(재림)을 기다려야 한다

개(犬)는 獻金(헌금). 蹴球(축구)에도 들어가는데
왜 하나님은 싫어하실까?
어두운 밤(黑)에는 짓지 않고(아무 말 없이)
묵묵히(잠잠하게 默) 앉아만 있던 개가 하나님께 묻는다

분명히 하나님께서
우리를 용서하실 때 '어떤 개'가 필요하다고 하셨는데?
아하! 그 개는 회개(悔改)란다
으 하하하!

*돌아온 늑대
미국 옐로스톤 국립공원의 일이다.
가축을 지키려는 농부와 털가죽을 얻으려는 사냥꾼들은 1930년대
최상위 포식자인 늑대를 모두 죽였다. 자연은 더 풍성해 질거라 믿었다.
결과는 정반대였다.
도망칠 필요가 없는 엘크 떼는 거침없이 번성하여 초원의 풀 뿐만 아니라
강둑의 새순까지 먹어 치우며 나무가 자라지 못하게 하였다.
작은 초식동물들은 먹이를 찾아 옐로스톤을 떠났다.
먹이사슬로 이어진 곰부터 쥐와 곤충까지 모두 숫자가 줄었다.
70여 년이 지난 1995년 겨울에 옐로스톤에 다시 늑대를 보냈더니
엘크 떼가 늑대를 피해 자리를 옮겼고, 풀과 나무가 자랐다.
나무가 뿌리를 내려 튼튼해진 둑 사이로 강물이 힘차게 흘렀다.
강과 연못이 제자리를 찾자 물고기와 비버, 새와 곤충이 돌아왔다.
독수리도 다시 날고 곰도 돌아왔다.
거대한 생명 순환의 흐름이 제 방향으로 돌아왔다.
*동생 생각나게 우는 동물은?
- 늑대 (아우!)

*개와 성경
영국 작가 케네스 스티븐은 '왜 개의 코는 축축할까' 라는
동화에서 개 코가 늘 축축하다는 이유를 밝혔다
노아의 방주에 작은 구멍이 뚫려 물이 새기 시작했을 때
가장 충직한 개에게 중책을 맡아
방주가 40일간 망망대해를 떠돌 때
개는 줄곧 그 구멍을 주둥이로 막아 배의 침몰을 막아
대홍수에서 인류를 구한 기독교적 동물인 개를 소개했지만,
성경에서는 어디에도 개들이 대접받았다는 이야기는 없고
블레셋의 거인 깡패 골리앗이 양치기 꼬마 다윗에게

'이 꼬마가 나를 개로 보나 막대기 갖고 나오게' 하며
조롱하고 무시했다가 개죽음 당하는 내용처럼
부정적이다.
이방인을 개로 비유한 대목도 있다.

*부스러기 은혜

개(犬. 이방인) 취급을 받는 가나안 여자가 흉악한 귀신들린
딸을 살려달라고(마태 15:22) 애원했으나
예수님은 羊(이스라엘 선민들)만을 구하려 오셨기 때문에
처음에는 안 된다고 거절한다(15:24)
'개들(이방인)도 제 주인의 상에서 떨어지는 부스러기를 먹는다'는
말에 예수님께서 '여자여 네 믿음이 크도다. 네 소원대로 되리라'
라고 말씀하셨다

*한편,
불교에서는 개들을 누군가 환생한 존재로 보기 때문에
함부로 대하지 않고 절집에서 환대를 받고 있다
개들이 親佛일 수밖에

48) 再臨 하실 때는 반드시 만왕의 왕으로 오신다

예수님께서 재림하실 때에는
반드시 만왕의 왕으로 오신다
천사들과 호령하며 오신다
도적같이 오신다
구름 타고 오신다고

선지자들은 예수탄생 7백년 전에
예수가 나실 것을 미리 말했다
이사야(Isaiah)는 처녀가 잉태하여
아들을 낳을 것과 이름까지 임마누엘이라 예언하셨다
미가(Micah)는 베들레헴에서
예수가 탄생하실 것과
그는 영원 전부터 계신 분임을 예언하셨다

그런데 예수님이 언제 재림하실 것인지 대해서는
왜 미리 예언하는 선지자는 없을까?

*再=冂+王 - 저 멀리(冂) 하늘로 승천하신 그리스도 王은 반드시
다시(再) 오신다

臨(임할 임) - 사람(人)이 임금 앞에서 엎드린 신하(臣)처럼
물건(品)을 엎드려 본다, 임하다. 맡기다. 다스리다. 통치하다
-臥(누울 와)- 동물이 아닌 사람(人)이 엎드리다(臣)
臨床(임상) -병상에 임하다.
*臨終(임종) -죽음에 임하다. 죽음을 맞이하다.
-冬(겨울 동 夂+冫) - 천천히 얼음이 오니 '겨울. 동면하다. 끝나다'

-終(마칠 종)- 실(糸)의 끝(冬)이니 '마치다. 다하다' *因緣
*主의 聖靈이 내게 臨하셨으니. 臨機應變(임기응변). 臨時(임시). 君臨(군림)
*주기도문: '나라가 臨하시오며'의 나라는 영토가 아니라 주권. 통치권
아버지의 통치가 이루어지는 나라가 臨하게 하소서
나라(국가)의 3대 요소 -국민. 영토. 주권(통치권)
*待臨節(대림절) -예수님의 재림을 맞이할 준비가 되어 있는가?

*항원(抗原 antigen)과 항체(抗體 antibody) -면역력을 키우기 위한 수단
항원 - 우리 몸이 저항하도록(抗) 만드는 원인(原因)
- 이물질(세균, 바이러스, 독소, 꽃가루, 먼지 등) -도둑놈. 적군
항체 -저항해서(겨를 항. 抗) 싸우는 우리의 몸(몸 체. 體) -경찰. 아군
-Y자 모양
항체가 있어야 면역(免疫, 면할 면, 전염병 역)이 생긴다
*항체 치료제
면역세포(경찰=항체) B와 T 세포가 도둑(항원)을 수갑 채워
경찰서(백혈구)로 이송 하던 옛 방식을 버리고, 항체가 직접 현장에서
도둑놈(항원: 바이러스)을 죽이는 방식으로 기존의 약물투여에 따르는 부작용이 적다.
(예)편두통(편두통을 유발하는 CGRP 라는 신경전달물질에 달라붙은 약: 앰겔러티),
골다공증(골 형성을 억제하는 항원 스클레로스틴에 달라붙은 약: 이베니티),
말기 폐암환자(키트루다),
간암과 대장암(아바스틴), 자가면역질환(휴미라), 유방암(허셉틴), 치매(아두헬름)
난치성 혈액암(Car-T)

*사탄이라는 抗原이 많아지면
항체로 싸우는 우리 몸은 더 발달된 항체 치료제로 대처를 한다
항원-항체 면역학 전성시대를 열어주시는
예수님이 반드시 재림하신다는 증거가 아닐까?

49) 실(糸)

인생은 실(糸)로 인연(因緣)을 맺어 태어나고
살면서 실(糸. 세금대신 비단)로 세금을 納稅(납세)하고
죽을 때 실(糸)을 끝으로(冬) 마치고(終)
納骨堂(납골당)에 들어갈 때는 실(糸)을 가지고 들어가네(内)

남아있는 가족에게는 유류분 상속(相續)이라는 실(糸)을 준다

*참조: 이삭줍기. 유류분 상속
*참조 : treponema 의 nema 실(糸) 매독균

*糸와 인연(因緣), 변연(邊緣)계(limbic system)
緣(가선 연. 인연 연, 가장자리 연)
-옷을 만들 때 가장자리를 따라 박는 실(糸)의 선을 뜻함
-이러한 선이 계속 이어진 것이 因緣. 가선-연줄-연분-인연
변연(邊緣 limbic) -가장자리. 둘레 길. 둘레 계통. 경계
邊(가 변, 변방 변)=自+穴+方+辶 콧구멍 주변을 사방(方)으로 돌다(辶)
변연계 -감정중추. 기억. 감각 담당. 느끼는 뇌
緣(인연 연. 가장자리 연) -식물에서는, 잎의 가장자리(緣)가 톱니 없이
매끈한 모양을 全緣이라 한다
-인연, 혈연, 연고, 연유(까닭) 뜻 외에 '가장자리' 라는 뜻도 있다
*뇌의 ventricle(室), 뇌실
-대뇌피질과 간뇌 사이에 있다
*뇌량=뇌들보=corpus callosum
-좌우 뇌를 잇는 신경다발로 만들어진 다리
-corpus: 말뭉치. 데이터. 말모둠. 몸뚱이. 몸체. 文集. 資料
callosum: 다리. 교각
*변연계=가장자리. 둘레길
뇌들보(腦梁) 밑에
4개의 기둥달린 C자형 뇌궁(腦弓 뇌활. 해마체에서 일어난

신경섬유다발.fornix)이 있고,
그 밑에 3개의 뿔 달린 좌우 측뇌실(lateral ventericle)이 있다
뇌의 내부에는 거미막과 연질막 사이(거미막하 공간)에 뇌 척수액이 있으며
뇌척수액을 담는 물통(ventricle. 뇌실)이 4개 있다
lateral ventricle(좌우 I II 외측 뇌실), 제3 뇌실(III). 제 4뇌실(IV)
*다리(뇌교, 뇌량, 시상간교) 밑에는 물(뇌척수 액)이 흐른다
뇌량(corpus callosum 다리) 밑에 측뇌실,
시상간교(視床間 massa intermedia) 밑에 3뇌실,
뇌교(pons 腦橋) 밑에 4뇌실 및 척수
*측뇌실 가장자리에 있는 것이 邊緣계(변연계)변연계 속에는
공포를 담당하는 편도(amygdala). 해마 등이 있어 감정. 기억 등을 담당
almond(아몬드)처럼 생겼다고(amygdaloid)
입속에 있는 편도선염(tonsil)에 얼마나 고통을 당했으면,
뇌 속에도 편도가 있을까
입 속의 양측에 있는 편도(tonsil 扁桃)가 배 노 젓는 사람(tonsae)이
양쪽에 대칭으로 앉아있는 것과 비슷하다고 명명

50) 병(病) 없는 싱싱한 사람들

곰팡이균 번식을 막아주는 유황과
바닥에 깔린 유황 패드 등 프레시 테크(신선기술)로
싱싱하고 신선하게 샤인 머스켓을 겨울에도 먹을 수 있다

공기 제어 저장고로
공기 중 21% 산소를 3% 내려뜨리고
이산화탄소는 1.2%까지 올려서
산소농도를 낮아지게 하면
과일(사과)과 채소의 노하도 늦춰 진다네

5~10도의 찬 식염수 냉각방식(10일)으로
수박을 저온과 다습한 조건으로 만들어즈면 오래 보관할 수 있다

브로콜리. 양상추 등은
섭씨 10도로 온도를 내려주면
호흡. 효소작용을 억제하고

고구마는 섭씨 35도, 습도 93%환경에 보관하면
당도가 높아잔다 (1년)

사람도 이렇게 프레시 테크를 이용하면
젊음의 신선도가 유지될까

51) 코로나 마마(媽媽) - 빗살무늬. 코로나 자가 치료

옛날에는 천연두가 치사율이 높았다
위험해서 높은 존재로 인식된 만큼
최대한 극존칭을 써
호랑이만큼이나 무서운 역신의 노여움을 달래려는 생각에서
호환 마마라고 불렀다

2년 이상 유행하고 있는 코로나(폐렴)
코로나 마마라고 불러야 물러날 것인지

*상감(上監)마마
도자기 象嵌(상감) -나전칠기처럼 재료표면에 무늬를 새기고
그 속에 다른 재료를 박아 넣는 공예기법
嵌(산깊을 감)=山+敢(=耳+攻 칠 공, 전쟁터에서 적의 귀를 가져오다)
橄(감람나무 감)=木+敢(굳셀 감) -굳세게 보이도록 큰 나무
媽(어미 마) -엄마. 어머니. 나이 많은 기혼 여성
-여자(女)로서 자식을 말(馬)처럼 이끌어 주는 어머니
마마-상감마마, 세컨드 첩, 천연두
感(느낄 감) - 마음(心)은 모든(咸) 사물을 느끼는 곳 '느끼다'
嵌(산골짜기 감) -달콤한(甘) 것을 먹고 하품(欠)하는 것처럼
움푹 들어간 山(산골짜기)
빗살무늬가 있는 이유(4가지)
--미끄럼 방지. 사냥감 성공 기원, 아름다움, 구울 때 깨짐 방지

*코로나 자가 치료를 위한 준비약품

1) 코로나 전단계인 인후통이 심한 편도염 때문에

항생제와 이브프로펜(Blufen 진통소염제) 또는
타이레놀 준비
*항생제 대신 한방약제
- 은교산. 스토마신. 프로폴리스. 트로키제

2) 위장장애(설사 등) 예방용으로 설사치료약
- 설사 -스멕타. 포타겔. 스타빅
- 복통. 소화불량. 구토. 구역 - 베나치오. 반사신

3) 혈전 방지 - 운동. 보행
-소아용 아스피린(프로텍트 100mg 1일 1회 아침)
-溶血(용혈)작용(엉킨 피를 깨끗하게. hemolysis)
-인삼. 도라지의 사포닌성분

4) 호흡곤란(산소포화도 96% 이하) --마스크 딸린 산소 켄

5) 기침 약

6) 상인두(上咽頭)에 0.5~1% 염화아연 용액 바르기(B 스폿 spot 요법)
- zinc chloride. $ZnCl_2$. 클로르 아연. *B=鼻=비
- 상인두 부위의 섬모상피 세포 사이에 면역기능을 하는
림프구를 자극해서 사이토카인을 내보내
바이러스 제거(미주신경자극)
- 수렴작용. 소염작용. 사혈작용

*타이레놀 -아세틸의 tyl. 페놀(phenol)의 -enol = tylenol
*銀翹散(은교산. 연교 교. 뛰어날 교. 꼬리 교 / 가루약 산)
은교산=금은화의 '은'+ 연교의 '교' + 가루약 산
*金銀花 - 겨울에도 푸른 잎이 떨어지지 않고 추위를 이겨내는
忍冬 덩굴에서 피는 꽃으로, 처음 필 때는 흰색이지만
차츰 노란색으로 바뀐다
*連翹(연교) -노란 개나리꽃 열매(천연 항생제)
-연교 열매가 연꽃처럼 방(房)을 형성)

-씨앗을 쪼개면 한조각 한조각 깃털과 비슷하므로
'잇닿다'라는 의미의 連(연), 깃털이라는 翹(교)

*트로키제(troche 劑) 사탕처럼 빨아먹는 약(스트렙실)

*베나치오(주성분: 현호색 240mg. / 가스 활명수 현호색 180mg)
상호명 유래 - 아픈 '배 낫지요'
*玄胡索(현호색) - 덩이줄기(뿌리)가 검은 색(玄). 주생산지가 중국(胡. 북쪽지방)
새싹이 돋아날 때 매듭모양(索)
- 양귀비과로 마약 같은 진통제(아편의 1/100)로
복통. 위통. 생리통에 효능
索(새끼꼴 삭. 동아줄 삭. 찾을 색)=十 + 冖 + 糸
- 여러 개(十)를 덮어(冖) 만든 실(糸), 동아줄

*반사신(半夏瀉心湯 반하사심탕) 과립 -명치가 답답. 구역. 구토. 설사. 소화불량
야생초 半夏(여름의 절반, 여름이 절반쯤 자났을 때 잎이 말라버린다고)

52) 감사

예수님이 10명의 나병환자를 치료해 주었는데
이방인 사마리아인 한 사람만 찾아와서
하나님께 큰소리로 영광을 돌리며, 예수님의 발아래에 엎드려 감사했다
감사해야 할 일이 있는데도 감사하지 않는 사람이 있다
감사한 일이 있을 때만 감사하는 사람도 있다
최고는 감사할 일이 없는데도 감사하는 사람이다

* 예수님 때 치료비 : 무료
* 고대 그리스 때 치료비
  醫術의 神 Asclepios(아스클레피오스)에게
  소크라테스는 그 당시 치료비 닭 1마리를 바친다

* 닭 식중독 주의 : 원인균- 캠필로, 곡선. 나선형) 박터(막대, 박테리아)
  campylobacter 곡선막대

53) 새들이 잘 사는 도시는 사람도 살기 좋더라

- 이어령 교수가 40년 만에 밝힌 새가 새끼에게 밥 주는 법

새는 바라 본 것만으로도 마음이 치유된다
사람은 새와 교감하면서 자연의 위대함을 감지한다
새소리가 들리는 도시는
더 즐겁고 생기가 넘치는 공간이 된다
새소리가 아름다운 것은 사람의 말소리와 다르기 때문이다
사람의 마음은 평온해 지고
어린 시절 행복한 순간으로 돌아간다

그러나 도시의 현란한 불빛과 고층건물의 유리 때문에
새의 방향 감각을 혼란케 해 길을 잃게 만들고
새의 먹이인 나방과 애벌레를 급감시킨다
북아메리카에서만 연간 10억 마리의 새가
유리에 부딪혀 죽는다고 한다
고양이들에게도 희생된다

새가 좋아하는 나무를 건물 옥상에 만들어 주고
투명 유리창에 안전한 무늬 유리창으로 교체해주면 좋을텐데..
나의 마누라는 새(隹) 출신이다
崔씨들은 산(山)을 높이 나는 새이다
새들이 잘 사는 집은 남편도 살기 좋더라

* 새끼들에게 벌레를 주는 기준
  -안 먹은 놈, 배고픈 놈이 입을 가장 크게 벌린다(이어령 교수)
* 알바트로스(바보 새)

54) 뵈는 것이 없다

실명하면
안 보이니까 무서운 곳이 없다
보이니까 불평을 한다
안 들리니까 행복하다
그럼, 난청도 행복이네

*물불을 가리지 않는 사람은? -소방수

*실명을 일으키는
황반변성(黃斑變性)을 예방하자고
주야장천(晝夜長川 지아잔틴 zeaxanthin) 눈탱이(루테인) 붓도록
노란색 옥수수를 열심히 먹어야 하겠네.
yellow city 장성으로 가자
지아잔틴, 루테인이 많은 식품 -메리골드(금잔화) 꽃차, 달걀노른자. 고구마
깻잎. 시금치(녹색채소). 완두콩. 오렌지. 멜론. 키위. 포도. 밀. 옥수수

황반(黃斑) -시력의 90%를 담당하는 '눈 속의 눈'
눈=카메라. 황반부=필름
크기: 직경 2mm. 두께: 0.2 mm
황반부 구성 : 중심- 지아잔틴(4), 주변- 루테인(16). 비율: 164

황반 변성 -황반 색소밀도가 떨어짐
-망막에 노폐물이 쌓여 하얗게 변질(건성), 80%
황반 밑에 비정상적인 혈관이 자라남(습성. 2년 내 실명)
-시력감소. 사물이 찌그러지거나 굽은 형태로 보이다가 실명
*晝(낮 주) =聿+日+一. 붓으로 하나의 해를 그린다 '낮'
畵(그림 화) -붓으로 하나의 밭을 그린다
劃(그을 획) -그림을 칼로 자른다 '긋다. 계획하다' 企劃(기획)
*夜(밤 야) - 사람(人)이 머리(亠)를 들어

달(月) 빛(丶)을 바라볼 때는 '밤'

*晝夜長川 -밤낮으로 쉬지 않고 흐르는 긴 하천처럼 잇달아서 한다
深夜(심야)
腋(겨드랑이 액) -몸(月)에서 어두운 곳(夜)은 '겨드랑이'
-액취(腋臭)

*晝夜長川 -밤낮으로 쉬지 않고 흐르는 긴 하천처럼 잇달아서 한다

*제아잔틴 -제아잔틴을 풍부하게 함유한 옥수수의 학명 zea mays에서 유래
zea -그리스어 '생활하다'
mays - 남미의 옥수수 maiz에서 유래
옥수수 - 마야문명의 뿌리. 옥수수 神(+)

*xantho(노란 색), phill(잎). 클로로필(엽록소)

*은행잎이 가을에 노랗게 변하는 이유
-잎 속의 엽록소만 파괴되고, 잔토필만 남기 때문

*루테인 - 루테우스(luteus 노란색)가 어원

*녹황색 채소류에 풍부 - 시금치. 케일. 당근

*노란색은 눈의 망막위에서 잉크처럼 넓어지는 성질 때문에
색채 중에서 가장 크게 보이므로, 유치원 교복. 어린이 통학차량 등
주의하라고(Yellow card) 神이 주신 선물이다

*빈센트 반 고흐 -사물의 본래의 색을 못보고, 노랗게 보이는
황시증(黃視症 xanthopia) 환자이다

55) 20%

개미는 20%만 일한다
그래서 일개미만 100% 모아 일을 시켜 봤더니
역시 그 중에 20%만 일을 한다고 한다
30억쌍의 유전자도 20%만 선천적으로 기능을 나타내고
나머지 80% 유전자는 살아가면서 형성된다고 한다
운 7 기(노력) 3 이 아니다.
운 2 기(노력) 8 이다
처음에는 유전자가 생명현상의 만능열쇠인 줄 알았는데
노력을 해야 좋아진다는 것이다(後成 후성유전학)

조직이나 직장에서도 20%만 열심히 하면 성공적이다
조직 모두가 다 잘한다는 것은 무리 아닐까?
상대방을 볼 때도
80% 비관적인 것 말고
좋은 점 20%만 긍정적으로 보아라

*파레토(Pareto) 법칙 -세상의 20%가 나머지 80%를 지배한다
-백화점 매출의 80%는 단골손님에서 나온다
-반대 : 롱 테일 법칙

*파레토(Pareto 1848~1923) 법칙 -세상의 20%가 나머지 80%를 지배한다
-백화점 매출의 80%는 단골손님 20%에서 나온다(명품 매장)
-이탈리아 인구의 20%가 이탈리아 전체 富(땅)의 80%를 차지
-20%의 식물이 80%의 열매를 맺는다
-기업에서 발생하는 문제 중 주요한 20%만 해결하면
나머지 80%는 저절로 해결된다

-모나리자 미소에도 20%의 불행한 미소가 섞여있다
-공기 중 산소도 20%이다
-꿀벌의 20%만 열심히 일한다
-교감신경(20%)이 부교감신경(억제) 보다 20% 더 높아야 우울증이 안 생긴다
-뇌(머리)는 전체 몸의 에너지를 20% 소모한다
-반대 : 롱 테일 법칙

*국가 지도자급 20%는 '만족 결핍증'에 시달려야 국가는 발전한다.
800년 전(고려), 팔만대장경을 만들 때도 5만 2천자 중 오탈자는
152개(불량률 0.0003%)일 정도로 100만개 제품 중,
3~4개만 불량품을 허용하는 경영 즉 최고 중 최고 품질을 추구했다.
그 정신으로 경영품질 혁신운동(식스 시그마 품질관리. 99.7% 정품)을
계속해야한다.

*30억쌍 유전자(인간 생명 설계도) 분석했는데
기능이 알려진 유전자는 2%(2만~2만5천개)
나머지 98%(잘 모름)
유전자 수 30억쌍. 빛의 속도 30억Km/1초
후성 유전학 -DNA 염기서열 변화 없이도, DNA 메칠화. 히스톤 변형 등
유전자 발현의 변화가 이루어져,
한 세대에서 다음 세대까지 전달되는 유전현상
-후성 유전학적 변화는 그 원인을 제거하면 원상태로
돌아갈 수 있는 가역반응이다.

*m RNA 메신저 리보핵산 - DNA가 단백질로 바뀔 때 전령(메신저) 역할
t RNA(트랜스퍼 RNA) - 아미노산과 m RNA를 연결하는 촉매역할
r RNA(리보솜 RNA) -세포내 주요기관인 리보솜의 구조와 기능발현에 관여
*mi RNA(마이크로 RNA) -타킷 유전자에 달라붙어(일명 '간섭') 생명현상을 조절
-이걸 이용해서 알츠하이머 진단
-혈액검사로 mi RNA 574 수치가 크게 증가하면 치매
-지금까지 진단은 부담스러운 뇌척수액을 뽑아
아밀로이드 베타 펩타이드와 인산화 타우 단백질을 조사

*모더나=mode+RNA 회사에서는 생산시설 없이 신약개발만 한다
mRNA 백신은 몸속 세포에 스파이크 단백질을 만들도록 명령하는 유전물질인데,

이 명령에 의해 만들어진 표면에 왕관처럼 튀어나온 돌기부분(스파이크 단백질)을 우리 몸이 이물질로 인식하고 면역반응을 일으킨다.
이 때 얻어진 면역으로 코로나바이러스를 방어한다.
이 방법은 몸 밖에서 배양. 정제. 생산 절차를 거친 기존 치료제와 달리, 몸속 세포를 공장처럼 활용한다.

* 생일 안 챙겨준다고 불평하지 말고
내가 쏘아라(射)
* 뇌는 몸무게의 2%밖에(1.4 kg) 안 되지만,
전체 에너지 20%를 정보처리 때문에 사용한다
0~5세 사이에는 66%까지 사용

56) 20과 21

20은 보통 사람이다
庶民(서민)들은 20(二十)일만에 滿(二十)足한다
제비(燕=二十+北+口+灬)도 북쪽에서 먹을 것을 찾아
따뜻한 남쪽으로 오는데 20일 걸린다
성공한 자들의 뇌(腦)가
새로운 행동에 익숙해지는데 최소한 걸리는 시간은
20일이 아니라, 21일(21. 3주. 성공의 법칙, 몰츠) 이상이라 한다
황금색 노랑 병아리(黃)도 달걀에서 21일 지나야 태어난다

긍정적인 뇌 훈련(공감력 회복)도 21일
부부도 하나 되는 날도 21일
현재가 과거 되는 것도 21일이 지나야 된다(昔=二十+一+日)

*庶(서)=广+ +火 灬 -집안에 불을 피워놓고 그 주위에
둘러앉아(여러, 무리. 廾) 음식도 데워먹고(살찌다)
뜻: 무리. 평범. 소외된 자. 살찌다. 여러. 많다
庶民. 서민공화국. 서민아파트. 서민금융 庶子(서자)
*百姓(성이 있는 사람). 일반 서민은 姓도 없다
*廾=廿의 뜻: 1.받들 공, 2.손잡을 공, 3.스물 입(廿) 입

*度(법도 도. 정도 도)-집안에 여러 가지(廿)물건들을 손(又)으로
만져 헤아리고 '어느 정도인지를' 가늠한다
*渡(건널 도) - 물의 깊이, 온도, 물살 등을 법도처럼 가늠하여
건너다. 渡江(도강)
*席(자리 석) - 자리에 앉을 때 수건(巾)이나 풀을 깔고 앉는다
仄 측 언덕(厂)에서 사람(人)은 기울려 진다
二十에 만족하면 滿,

다윗왕은 만족하시다고 말씀 하신 것이 아니라,
부족하다고 표현(시편 23: 내가 부족함이 없으리로다)
*일개미들- 폭우 후에 집에 물이 차면 그 빗물을 마시고 20분후
일제히 방뇨. 3000회 반복. 만사형통의 滿

*만사형통의 滿 -물(氵)이 계속 들어와(入入) 물난리가 나도
수건(巾) 20(二十)장만 있으면 서민들은 만족한다(충분하다, 기쁘다)
*숫자 20의 의미 -손가락+발가락=20개
-원시시대 인간이 셀 수 있는 가장 큰(많은) 숫자
-燕(제비) -二十이므로 서민들의 새

*황색 - 황제만 사용하는 色. 노랑 병아리(黃) *21일부터는 황색
궁궐 기와 -황색 *청와대(청색)
*동양 : 성인=군주. 고로 예수(천민) 마호메트(과부 킬러) 존경 안함
*散 - 21일

57) 21% 산소 - 영혼의 무게 21g

우리가 마시는 산소는 몇%가 좋을까?
21%
왜?
21%보다 적거나 많으면
근육경련, 멀미, 현기증, 좁은 시야, 호흡곤란
발작에 이어 죽음에 이른다네
공기 중에는 질소가 78%이고 산소 21%, 기타 1%로
구성되어 있다네
식물은 이산화탄소(CO2)를 좋아하고
사람은 산소를 먹기 좋아한다네

그런데,
불완전한 일산화탄소(CO)는 적혈구의 헤모글로빈에 대한
결합력이 산소보다 엄청나게 높아(210배)
산소 흡입을 방해하므로 저산소증이 되어
연탄가스 중독처럼 매우 위험하다
물론, 고농도의 산소에 오래 노출되어도
생체조직이 손상되고(잠수병)
산불 위험이 있다네

*나치 수용소
-질소를 주입해서 저산소증으로 고통 없이 5분 이내 사망
*CO2는 자연에서 자연적으로 발생
CO는 자연적으로 발생 안됨
불완전 연소(절반의 산소)이므로 문제를 일으킴

*窒素(질소) - 초석(nitrum)의 주성분이라고 nitrogen으로 명명
-산소가 없고 질소만 있으면 질식사한다고 질소
窒=穴+至 굴의 끝에 이르다. 막힘. 막히다. 구멍을 막다
*酸素(산소) oxygen=oxys(시큼시큼한 물질)+gen(gennao. 생성된다)

*亼(모을 집) -3개가 합쳐진 것
今(이제 금. 지금. 오늘) ㄱ자부터 지금 시작해서 ㄴ을 합쳐
合(합할 합. 입을 모으다)자를 만들라고
무릎 꿇고(卩) 앉은 사람들에게 명령한다(令 명령할 령)
2명 까지는 서로 사랑하지만(仁 - 어질 인. 사이 인 人間. 時間. 空間)
밥(口)은 3명(亼) 이상이 모여 먹어야(合) 한다
食口 - 한 집에서 함께 살면서 끼니를 같이 하는 사람

함께(com) 빵(pany)을 먹는 것이 회사(company)
혼밥은 안 된다네

*밥이 하늘이다. 食而民天 (민본사상). 백성은 먹을 것을 하늘로 안다
君民爲天, 民食爲天 임금의 하늘은 백성이고, 백성의 하늘은 밥이다
-동학. 증산도. 원불교
*倉=食+口 : 입에 들어가는 것을 넣어두는 곳집(창고)
*良(어질 량) -사람(人)을 어질게(良) 만드는 것은 밥(食)이다

*恨과 베아트리체 초상(스탕달 증후군)
*艮(어긋날 간) -사람(人. 匕)이 눈(目)을 뒤로 돌리거나
시선을 내리깐 사람.
신분이 낮은 사람은 바닥만 쳐다보므로 '그치다. 한계'
눈(目)으로 뒤돌아보는 사람(ㄑ)은 나아갈 수 없다 '그침'
艮 + 丶 : 쓸데없는 생각을 그치게(艮) 점(丶)을 찍으니 '좋다(良)'

恨(한 한) - 심장(忄)이 어긋날(艮) 만큼 웅어리진 마음
限(한계 한) -언덕을 오르지 못하니 고개를 돌려(艮) 돌아가는 모습
根(뿌리 근) -위로 자라는 나뭇가지(木)와 반대로(艮) 땅속으로 자라는 뿌리
銀(은 은) - 金과 반대되는 광물

*스탕달 증후군 -

'적과 흑'의 작가 스탕달이 1817년 피렌체에서 '베아트리체의 초상
(恨의 주인공)이란 엘리사베타 시라니 화가의 작품을 보고 감동에 젖어
심장이 빨리 뛰고, 의식이 혼란해지고, 어지럼증을 느꼈다는 증후군.
*베아트리체는 자신에게 성폭력을 가한 아버지를 죽인 죄로 23세에 사형
*천장 벽화를 보려고 고개를 뒤로 젖히거나, 미용실에서 목을 뒤로 젖혀
머리를 감다가 목뼈에서 후뇌로 들어가는 척추동맥이 뒤틀려
소뇌와 후두엽 뇌혈류가 감소해서
일시적 뇌졸중 또는 미용실 뇌졸중이 생길 수 있으므로 주의해야 한다.
*단테(1265~1321)가 9세 때부터 짝사랑하고 신곡에 '완벽한 여성의' 대명사로
등장하는 또 하나의 베아트리체(24세에 사망)도 있다

*無人良品(무인양품) -상표 없는 좋은 상품을 파는 곳

돈에서 ㄴ을 빼면 道가 된다
道死란 길가에서 죽는 사람이다

會(모일 회_ -8명(팔)이 한(一) 창문(㓁)을 열고 말한다
船(배 선) - 배 한척만 있으면 8명 식구가 먹고 산다
隊(대) -돼지(豕)는 8(八)마리가 때를 지어 언덕(阝)으로 간다

*고순도 쇳물을 만들기 위해서는 철광석(철원소+산소)에
함유된 산소를 떼어 내야 한다.
석탄으로 만든 코크스를 철광석과 섞어 고온 가열하면
코크스에 함유된 탄소가 철광석에 들어있는 산소와 결합해서
이산화탄소(CO_2)를 만들어 배출한다. 또는
수소 환원 제철법이라고 탄소 대신 수소가 산소와 결합하여
물(H_2O)로 배출 시킨다

*사람은 죽는 순간 영혼이 빠져 나간다
이때 영혼의 무게 21그램(g).
다이아몬드 100 캐럿트 정도로 엄청 큰 사이즈
*뇌하수체(0.5g. 2,5 캐럿트.) 1캐럿트= 0.2g
*9월 21일(WHO) 세계 알츠하이머 날. /21일 -부부의 날

*성경은 구약 39장, 신약 27장(구약의 3x9=27) 총 66장

작은창자(소장)의 길이 12지장(25 cm)+공장(2.7 m)+회장(3.9 m)

공장+회장=6.6 m(성경의 66장)

서울 광화문에 있는 새문안교회 - 양팔 벌린 어머니의 품 모양

외벽 곡면에 39개 창문(구약)+정면 곡면부 아래 유리창 27개(신약). 총(66개)

58) 知足者富(지족자부)

만족할 줄 아는 사람이 부자라고 한다(지족자부)
만족을 넘어 더 바라는 사람들이 있다
감동 다음에 기절. 졸도에 이르기 까지
욕심이 사망을 낳은 다는 것도 잊은 채

시편 23장처럼 마음가짐을 가져야 한다
여호와는 나의 목자시니, 내게 不足함이 없으리로다
滿足 아니고, 부족함이 없다고

*滿足(만족). 욕구가 충만(꽉 찼다) *知足者富
내게 부족함이 없으리로다
徒(무리 도)-길(彳) 위로 걸어간다. 무리. 일꾼 徒步(도보)
倒(넘어질 도)=人+至+刂 - 화살을 쏘며(至) 칼(刂)을 들고 적군(人)을 무찌르다
이르다. 도달하다
*腦卒中(뇌졸중)으로 卒倒(졸도)한 환자들
腦卒中(뇌졸중)-뇌동맥이 막히거나(뇌경색),
갑자기 터진(뇌출혈) 혈액이 굳어져(핏덩이)
주변혈관을 막고 주위 신경을 압박하여
의식장애, 운동마비 등을 일으키는 병
中風(중풍) - 바람에 맞다
中毒(중독) - 독에 치이다
뇌가 갑자기 당하다는 뜻의 腦卒中(뇌졸중)의 中, 的中(적중) - 과녁을 맞추다
卒倒(졸도) - 갑자기 뇌가 나쁜 기운을 맞다
卒(졸) -전쟁터에서 졸병들이 장군보다 먼저 죽는다. (죽다. 끝마치다, 졸업하다)
卒(衣의 변형 + 十) - 여러 사람이(十) 동일한 복장(衣)으로 모인 병졸들
쌀밥(米)을 사랑하면 88세까지

萃(모을 췌) -풀처럼 때지어 모인 병졸(모이다. 무리)

*膵(췌장 췌) pancreas=pan(모든) + creas(육신). 살(月)들이 모인 곳(萃)

-분비선이 모여 있는 가장 큰 덩어리

-졸병들이 풀처럼 모인 장기.

*아랫사람(졸병)들 성질나게(미워) 하거나,
음식을 잘 씹지 않고 빨리 먹으면 '췌장암(膵臟癌)' 에 걸린다
卒(졸병. 아랫사람)을 사랑하면 90세까지 장수한다. 卒壽(졸수). 卒의 초서체가

*노인들의 평균 혈압

'나이 + 90 卒壽(졸수)'

180까지는 정상이다

*췌장(pancreas)과 아밀라아제(amylase)

탄수화물을 소화시키는 아밀라아제는 침과 췌장에서 분비한다.

胃(위)에서는 분비하지 않는다

식사할 때 잘 씹으면 아밀라아제가 충분히 나오므로 췌장이 쉴 수 있다.

그러나 빨리 먹고 잘 씹지 않으면(침에서 소화효소 아밀라아제가 부족하면)

췌장이 대신 과로해야 하므로 당뇨, 암에 걸릴 수 있다

amylase = amyl(綠末 녹말) + ase(효소이름에 붙는 합성어)

녹말 - 대부분 녹색식물에서 에너지를 저장하기 위해서 만든다

- 녹두에서 얻은 녹말가루 *末(끝 말) -'가루' 라는 뜻도 있음

- starch(영어) amylon(그리스어) amylum(라틴어). 澱粉(전분)

알츠하이머 치매 원인 - 아밀로이드(amyloid = amyl + oid)

아밀라아제는 분자량이 작아서 신장의 사구체를 통과하므로

소변검사에서 정상일 때도 나타남.

특히 췌장암. 침샘질환, 자궁외 임신 때 수치가 올라간다

59) 에펠탑과 대퇴골(大腿骨 넓다리 뼈)

인체에서 가장 큰 뼈는 넓다리 뼈(윗다리. 넓적다리. 넙다리. 대퇴골)이다
넓다리뼈 길이에 3을 곱하면 그 사람의 키 높이가 된다
넓다리뼈의 구조를 이용해서 만든 탑이
1789년 프랑스 혁명 100주년을 기념하기 위해
파리 만국박람회 때 건설되었던
300m 높이의 에펠탑이다
넓다리 뼈 구조처럼 철근을 얼기설기 배열하서 무게를 줄이고
인체 과학적으로 다리를 아치 모양으로 놓아서
탑의 무게를 고루 실리도록 했다

* 라스베가스에 있는 에펠탑은 높이가 165m
가장 작은 뼈 - 귀속에 있는 작은 뼈(이소골) stapes(등골)
耳小骨(이소골 auditory ossicle)
- 추골(망치뼈). 침골(모루뼈). 등골(등자골)

* 스페인 가우디(1852~1926)의 작품 파밀리아 대성당도 뼈 모양의 구조물이다
- 곡선은 神의 선이고, 직선은 인간의 선이다

* 뼈가 뒤틀리는 아픔(관절염) 속에서 탄생한 위대한 작가들
김소월(시인), 가우디(건축가), 르누아르(화가), 마티스(색종이 화가),
안데르센(작가. 빨간 구두의 무도병)

60) 臥死步生(와사보생) -세월

기린 새끼들은
태어날 때 높은 곳에서 땅바닥으로
내동댕이쳐진 멍한 상태에서
엄마 기린의 긴 다리로 세게 걷어차인다
정신을 차리는 찰나 또 힘껏 걷어차인다
비틀거리고 일어날 즈음
또 엉덩이를 세게 걷어차인다

네 번 째 걷어차이기 전에는
아픔을 참고 새끼가 먼저 달리기 시작한다
그제야 엄마기린이 새끼를 어루만지며 핥아준다
달리지 않으면 하이에나와 사자들의 먹잇감이 되는 것을
예방하기 위한 훈련인 것이다

고난 없이 성숙해 지는 것은 없다
감동이 없으면 사람은 움직이지 않지만
움직이지 못하는 식물들은
바람에라도 흔들려야 한다

누우면 죽고(臥死) 걸으면 산다(步生)
장작 위에 누워서(臥薪 와신) 쓴 것을 먹고(嘗膽 상담) 참는 사람도 있다
변하는 물결 앞에서 안주하는 것만큼
위험한 결정은 없다
중국 속담에

기적은 하늘을 날거나
바다 위를 걷는 것이 아니라
땅에서 걸어 다니는 것이다

*와신상담 - 섶에 눕고 쓸개를 씹는다
- 원수를 갚으려고 온갖 괴로움을 참고 견딤
*散步(한가롭게, 느슨하게 걷는다)의 散(흩어질 산). 散散조각
1. 흩어지다(離合集散. 散調. 解散)
2. 가루약(龍角山)
3.한가롭다. 느슨하다(散步. 散策)

*步(걸음 보)
-걸을 때(步=止+少의 변형) 간혹 멈춰야(止 그칠 지) 젊어진다(少)
*술먹은 개(戌 개 술)처럼 쉬지 않고 달리기만 하면(歲)
세월(歲月)이 너무 빨리 가서 빨리 죽을 뿐이다
'먹으면 죽는데, 안 먹을 수 없는 것이 나이로구나'
창(戈)의 가지가 무성하게 자라(戊 무) 길어지고,
눈(丶)까지 붙으면 술 먹은 무서운 개(戌)가 된다
*노익장(老當益壯 늙을 로/마땅할 당/더할 익/씩씩할. 왕성할. 장할 장)
-늙을수록 당연히 기력이 더욱 왕성하다는 뜻
-天下壯士(천하장사). 壯年(30대 이후 당차고 훌륭한 남자)
*교회 長老가 안 된 이유 - 忠壯路에 사니까 자동 壯路, 으 하하하!
대학교수가 안 된 이유 - 성이 趙氏라 일생 조교수니까?
*걸음걸이는 빠를수록(6.6 Km 시속) 장수한다(텔로미어 길이가 길게 유지)
서서히 걷는 사람보다(시속 4.8km) 생물학적 나이로 16년 더 젊다

*섭시다!
붓(聿)은 반드시 서서 가야(廴) 글이 써 지고(建)
건축(建築)은 반드시 세우는 것이다
健康(건강)이란 서서 걷는 사람(人)이고
힘줄 腱(건)은 우리 몸을 반드시 세운다
그것이 서있는(立) 사람만 좋아하는 여인이 妾(첩)이고
세포도 쭈그려지거나 팽팽하기를 싫어하고 반드시 서기를 좋아한다
세포의 물을 조절하는 나트륨(Na. 소금)과 칼륨을 그래서 좋아한다

현대인은 저염식(低鹽食 low salt food)을 권장하고
Na(나트륨)이 거의 없는 채소를 좋아하고,
물을 많이 먹기 때문에 오히려 소금이 부족해서
힘이 축 쳐지는 저나트륨혈증이 올 수 있으므로 주의를 요한다.
세포를 반듯하게 세워주는 적당한 소금 섭취는
면역력을 높이고 힘이 나게 한다.
그러다보니
소금 먹고 암을 치료했다는 엉뚱한 생각을 하는 사람도 있다.

*低(밑 저)=人+氐(근본 저) - 나무뿌리 모양. 뿌리(氏) 아래 점(-)
사람(人)의 신분이 낮다. 低邊(저변). 底力. 底止. 低廉

61) 수학의 공리 정리

數學에서
두 점 사이에서 가장 가까운 거리는 직선이다
두 평행선은 영원히 만날 수 없다
이것은 증명할 필요가 없는 자명한 이치, 공리와 정리이다

동독에서 서독으로 넘어온 개가 그 이유를 밝힌다
마음대로 짖고 싶어서 넘어왔다고
자유를 원하는 본성은 증명할 필요가 없는 자명한 이치,
공리와 정리이다

勇將(용장) 보다는 智將(지장), 지장 보다는 德將(덕장)이 더 좋다
손자병법에서는 좋은 운이 따르는 運將(福將)이 더 최고라 한다
복장의 자격은
사주보다는 관상, 관상보다는 심상(마음 씀씀이)이 더 좋아야 한다
아는 것보다는 좋아하고, 좋아 하는 것보다는 즐겨라 (知<好<樂)
이러한 인간의 본성은 증명할 필요가 없는 자명한 이치,
공리와 정리이다

*花香十里, 酒香百里, 人香千里, 德香萬里
파란만장(德이 있어야 億을 가질 수 있다)
故鄕(고향) -幺(어릴 때)+白(흰밥)+匕(숫가락)+阝(마을)
- 오래된(古) 일을 들추어낸다(攵)
- 어릴 때 밥 먹던(白+匕) 마을
- 은혜 찬송가 57장, 저 새장의 새가 날 듯

62) 어지럼증

정신없이 움직이면 평형을 잡는 달팽이관 옆에 있는
前庭器官(전정기관)도
잠시 혼돈에 빠진다
그래서 적당히 움직여야 한다
버티고(vertigo 어지럼증)가 나타나면 일단 버티어야 한다

문제는
바느질하는 어머니 주변에
어지럽게 도는 아이는 어지럽지 않는데
가만히 앉아있는 엄마만 어지럽다는 것이고,
어지럽게 정치하는 정치꾼들은 어지럽지 않는데
가만히 지켜보는 국민들만 어지럽다는 것이다

*귀는 이목구비 중 가장 복잡하고 특이하다
귀는 모두 모양이 다르다. 얼굴의 지문이다
귀의 형태는 들락날락 비정형이고 랜덤(randon 불규칙)
그리고 카오스(소용돌이) 이다. 그래서 어지럽다
*dizzy(형) 어지러운. 멍청한. (명)dizziness(현기증)
어지러움(dizzy)이 죽음 직전의 증상인 이유 - 디지(dizzy)니까
-진짜 미치겠네, 디질 뻔 했네
*vertigo(현훈) -어지럽다는 뜻 일 때는 '운'으로 읽는다
빙빙도는 느낌이 있으면(현훈), 없으면 (현기)

*어지럼증 원인 -1)센터(머리) 2)말초(귀) 3)심리적 원인(불안. 공황장애)

1)현훈(빙글빙글 돈다)	귀 전정계 불균형	이석증, 메니에르병, 전정신경염, 뇌경색, 뇌출혈, 편두통성 어지럼증
2)균형 장애(비틀 비틀) 구름 위를 걷는 느낌	소뇌 질환 다리감각 이상	뇌경색 말초신경염, 당뇨병성
3)현기증(어찔어찔)	자율신경장애, 심장질환	기립성저혈압, 약물부작용(혈압, 전립선)
4)심리적 원인	스트레스	불안. 가슴 울렁거림.

*나이가 들면 어지러운 이유
의학적으로는 평형센터가 노후화되었기 때문이다.
어른신의 신이 神이 되면
물만 먹던 인간이 神처럼 술을 먹을 수 있고,
직선의 선인 인간과 달리 神의 선은 곡선이므로
구불구불 비틀비틀 옆으로 갈 수 밖에 없다

*하나님께서 하시는 말은 왜 빙빙 돌리십니까?
네가 듣는 귀의 모양이 빙빙 도는
달팽이관(Organ of Corti, spirale 나선. 소용돌이 모양) 때문이지
알아듣기 쉽게 직접 해주어도 할 수 없지

<털이 없으면>

팔다리에 털이 많다고,
머리에 털이 없다고 고민하는 것은
행복한 고민이다
귓속 달팽이관에 털(有毛細胞)이 없다면
말을 들을 수 없고
內耳 앞뜰(vestible)에 있는
3개의 반규관과 耳石 기관(난형낭과 구형낭)에 털이 없다면
어지러워 걸을 수도 없다
코털이 없다면 방독면을 쓰고 다녀야 한다
너희 머리카락도 다 세고 계신다(마태 10:30, 누가 12:4~7)는

하나님의 사랑을 이제 알겠니?

*피부 털
자외선 차단, 피부손상 예방, 체온 유지, 땀이나 분비물 흡수(위생)
*코털 -습도 유지, 이물질 보호
*귓속의 Corti 씨가 발견한 코르티 기관에는
外(실린더 모양. 3줄). 內(플라스크 모양. 1줄)
털 세포(有毛세포)가 2만여개 있다
피아노- 7옥타브, 인간의 귀(와우)-10옥타브
耳음향 방사(emission. oto-acoustic emissions. OAE)는
외유모세포가 파괴되면 나타나지 않는다(선천성 난청 검사, 1분)
외이도 3cm, 달팽이관(와우) 3cm
귀(外耳道)에 세종대왕이 있다? 세종대왕 이름 李道
*털. 섬모(纖毛). hair cell. 세포의 안테나
-단수형 cilium (kino cilium 운동모)
-복수형 cilia (stereo cilia 부동모)

-귓속(內耳. 迷路) 앞뜰(vestibule)에 들어가면
3개의 반규관과 이석기관이 있다
반규관 끝에 있는 팽대부(7천개)와 이석기관의
난형낭(3만개)과 구형낭(1만5천개)에
털 세포들이 있어 회전과 직선운동을 감지한다

*팽대부 팽(膨 부풀 팽)
콩(豆)을 열 개(十)씩 먹으면(口) 기뻐지지만(喜),
안 먹고 배만 두드려도(彡) 배가 부풀어 오른다(膨)
*섬모세포 섬(纖 가늘 섬 =糸+人+人+戈+부추 구 韭)
- 두 사람이 창(戈)으로 부추를 치니 실처럼 '가늘어 지다'

*vestibule 前庭(전정) 앞뜰, 현관, 어귀, 안뜰
귀 전정 vestibule of the ear
비 전정 nasal vestibule
입 전정 oral v
후두 전정 laryngeal v
대동맥 전정 aortic v

질 전정　vaginal v

*눈앞이 검어지면眩(어지러울 현, 目+玄) 어지럽다
군사의 진을 치듯 한 태양의 붉은 무리(暈(무리 운, 日+軍)
달무리, 노을처럼 밝은 빛을 가리면서
어른거리면 더 어지럽다(현기증 dizziness. 眩暈 vertigo)
현운(眩暈)은 어지러울 현, 아찔할 현, 무리 훈, 무리 운,
어지러울 운 등, 暈을 훈이냐 운이냐 따지니
글자도 어지럽고, 정신도 아찔하다

*아름다움과 추함을 분별하여 살피는
통찰력과 안목을 가진 마음의 눈을 審美眼(심미안)이라 한다
우리 몸의 외부에 있는 물질적인 것을 보는 2개의 눈과 달리,
육체와 정신적 세계를 연결해주는 영혼의 눈이 있다
그것이 송과체(松科體, 솔방울 샘)이며 제 3의 눈이라 한다
송과체 기능을 약화시키는(석회화) 불소(弗素)를 피해라하니
날마다 사용하는 치약이 문제로다
審=宀+釆(분별할 변)
-집안에(宀) 동물 혹은 누가 다녀갔는지 곳곳을 차례차례 본다고
'살피다' 살피다 보니 '훤히 알다'
釆(분별할 변)- 짐승들의 발자국 모양
발자국을 보고서 어떤 짐승인지 분별
*메니에르(Meniere)씨 병
-회전성 어지럼증+이명+난청
-원인: 내림프 수종이므로 이뇨제나 50% 포도당(삼투압 이용 목적) 또는 꿀 처방

*꿀 장점과 주의점
-건강한 감미료
-근력회복, 상처 치유
-항산화, 항 박테리아
-잔유물: 클로람페니콜(암. 재생불량성 빈혈)
스트렙토마이신(난청),
botulinum(소시지) toxin(독)의 준말 botox (어린이 눈 처짐)
*꿀+ 계피(桂皮 cinnamon) - 어깨통증 완화
*桂(계수나무 계) =木+圭(쌍토 규)

사람이 쌍토 같이 돋보이면 ‘아름다울 가(佳)’
나무가 쌍토 같이 돋보이면 ‘계수나무’

63) 음악의 아버지와 어머니

바흐(G선상의 아리아. 음악의 아버지)와 헨델(할렐루야. 어머니)은
1685년 독일에서 같은 해에 태어났다
사망 원인도 백내장 후유증으로
두 사람이 똑같다

가난한 바흐는 자식이 20명
(첫부인 7명, 둘째부인 13명)이라
엄한 아버지 일 수밖에 없었고,
한편, 부유했던 헨델은 어머니처럼
화려한 아름다움으로 바로크를 풍성하게 만들어준
유럽의 슈퍼스타였다

백내장 후유증으로 실명한 두 분은 음악소리는 들을 수 있었으니까
난청으로 고생했던 베토벤보다는 더 행복한 것 같다

* 커피 칸타타(바흐) 뜻: 노래한다(성악)
  악기로만 연주하면 ,기악곡(소나타)
  브람스 - 바흐를 공부하라. 거기서 모든 것을 찾을 수 있다
  거장이 꼽은 거장이다. 음악들의 음악가이다.

  굴드-아무도 없는 사막에서 여생을 보내야 하는데 단
  한 작곡가만의 음악을
  듣거나 연주해야 한다면, 틀림없이 바흐를 선택하겠다
* 헨델 부부가 금슬이 좋은 비결은? 별거 없음(떨어져 살지 안 했기 때문)

64) 認定(是認)

부부간에 해서는 안 될 말이 있다
'남편을 무능하다고'
'부인에게 친정에서 뭘 배웠냐고'
부부는 서로 인정을 해주어야 하는데

쏘련(공산당, 사회주의)이 망한 2가지 이유가 있다
타고난 본성을 인정 안했기 때문이다
1)경제적으로 더 잘 살고 싶은 욕구(need)
2)인정받고 자 하는 욕구
(공산당은 간부만 인정하고, 인민 대중은 불인정하고 하향평준화)

*이슬람교와 유대인은 예수를 구세주로 인정하지 않는다
*중국과 일본은 한국을 인정하지 않는다
- 한자 알파벳에 유들유들한 '0' 자가 없기 때문

*認(인정할 인) - 칼날로 심장을 베어내듯 말(言)의 핵심을 분별한다
말씀을 깊은 마음속에서 인식한다
안다. 인식한다. 인정하다 뜻
요한계시록 3:5 ~시인 하리라
마태 10;32 是認(인정)하면
창세기 1:3 하나님이 이르시대(言) 빛이 있으라 하시니 빛이 있었고
사람이 떡으로만 살 것이 아니라,
하나님의 입에서 나오는 모든 말씀(言)으로 살것이라
찬양(讚揚) - 말씀으로 세상을 지으신 하나님의 말씀으로(言) 讚揚

是(바를 시. 이것. 여기. 무릇)=曰왈+正
말하여 바르게 하다
定(정할 정)=宀(집)+口(입구)의 변형 一+止(발)

- 걸어서 집의 입구에 도달하면
  마음이 비로서 안정된다고 결정하다. 정하다

* 피카소가 어느 여인을 스케치 해주고 50만 프랑을 요구하자,
짧은 시간에 너무 비싸다고 불평한다.
'천만에요. 당신을 이렇게 그리는 실력을 얻기까지
40여년이 걸린 것을 인정 해줘야지요.'

65) 소리는 뜨거운 것이 좋아

낮에는 태양이 있는 높은 곳이, 밤에는 낮은 곳이 더 따뜻하다
뜨거운 것을 좋아하는 소리 때문에
낮말은 새가 듣고(晝語雀聽주어작청)
밤 말은 쥐가 듣는 구나(夜語鼠聽야어서청)

2022년7월, 장마로 많은 비가 온다
너무 덥다. 습도도 높다.
공기 중에 수분이 많으면
소리의 전달 속도가 빨라 진다
이럴 때, 불만 대신에 彼岸(피안. 저쪽 언덕)의 소리에 집중해 보자
생사고해를 건넌 세계
번뇌로 고통스러운 이 세상과 다른
저편의 소리를 들어 보자
꿈꾸어 보자

* 고기는 삶은 것 보다는 구워 먹는 게 더 맛있다
온도에 따라 맛의 정도가 다르다
냉면, 아이스크림은 차야 맛있다
그러나 고기는 뜨거워야 맛이 있다
타지만 않는다면 온도가 높을수록 더 맛있다
삶은 고기보다, 굽거나 튀긴 고기가 더 맛 있다

단백질, 탄수화물, 지방은 그 영양분의 크기가 커서
우리 몸의 미각세포나 후각세포로
직접 접근하기가 어렵기 때문에
가열해서 영양분들을 더 작은 크기로 분해시켜야
맛이 더 살아나고

작아진 분자들이 서로 반응해서
원재료에 없던 새로운 물질이 만들어져
더 좋은 맛을 나게 만들기 때문이라네

*짠맛은 낮은 온도에서 더 잘 느낀다
탄수화물의 호화(gelatinization)-점도가 많은 gel 상태
노화(retrogradation) -점도가 감소되고 팽윤된 전분이 수축
탄수화물은 온도가 내려갈수록 노화되어 식감이 떨어진다
기름진 음식은 저온에서 맛이 없다
9 cm 밖에 안 된 혀(舌)가 90평생을 좌우한다(말조심. 음식 맛)

*회자(膾炙) -날 것(회 회)과 구운 고기(고기 구울 자)
-맛있는 음식이 소문나듯이, 널리 사람의 입에 오르내린다.

膾 -육회 재료, 소 엉덩이 살코기 부분
-고기를 잘게 썰어 지방부분을 빼고 살점만 모아 놓은 회

*회자정리(會者定離) -만나면 반드시 헤어진다

*月 -달이나 시간과 관계(朝, 明, 期)
月=肉 -고기나 신체와 관계(肝, 脂, 育)

66) 10년이면 강산도 변한다

팔다리 뼈(骨格筋)는 지마음대로 조정하는 자율신경과 달리
주인(대뇌)의 지시만 받고 아세틸콜린을 이용해서 활동하는
충직한 비서라네
단, 균형유지를 할 때만
자율신경처럼 지마음대로(불수의적) 조절 한다네

팔다리 뼈처럼 우리 몸의 뼈는 살아 있는 조직이다
일생 동안 형성, 성장, 흡수(파괴) 과정을 반복한다
뼈는 1년 마다 10% 정도가 새로운 뼈로 교체 된다
10년이 지나면 강산이 변하듯, 모든 뼈도 새롭게 교체된다

10년이 아니라 十(십)자를 보기만 해도
금방 변하는 사람도 있다
누가?
기독교를 믿는 교인들

＊아세틸콜린이 부족하면 '중증근무력증'에 빠진다

＊조절계
- 내분비계
- 신경계
  - 중추신경계(대뇌. 간뇌. 소내. 뇌간. 척수)
  - 말초신경계
    - 구심성
      - 체성 감각신경
      - 내장 감각신경
    - 원심성(운동신경)
      - 체성신경계(팔다리 골격근과 연결). Ach(12쌍 뇌신경)
      - 자율신경계 (심장근. 평활근. 분비선. 지방조직과 연결)
        - 교감. NE (31쌍 척수신경 중, 가운데)
        - 부교감. Ach(31쌍 척수신경 중, 상하)

*근육의 종류 -1)골격근. 2)심근. 3)평활근(平滑筋 평평할 편, 미끄러울 활)
*평활근 -가로무늬(횡문근)가 없는
　　결이 없이 미끈미끈한 근육(smooth muscle)으로 不隨意筋 이다
　　방광 근육은 지마음대로 움직이는(불수의근) 평활근이므로
　　　변소를 자주 가는 것을 막을 수 없다
*평활근(민무늬근)의 수축 속도는 느리지만 쉽게 피로를 느끼지 않는다
반면, 골격근은 구조적으로 급격하게 수축할 수 있으므로
빠른 움직임에 적합한 근육이다
平和도 평활근처럼 지마음대로 움직이는 '平'자 때문에 억지로 막을 수가 없다
속이 비어있는 소화관, 혈관, 방광은 지마음대로 살아가는
평활근으로 구성되어 있으므로 자유로운 '道師들' 이라고 부르고 싶다
*권력이 비어있을 때(속이 비어있는 평활근)는 누구나 평화를 부르짖는다
권력을 잡으면(속이 차면) 힘있는(골격근) 독재를 좋아한다
민무늬근의 민 : 뜻 - 없다. 無 . 민소매(소매가 없는 윗옷)
민무늬근 -가로무늬(횡문근)가 없다

*빗살무늬가 있는 골격근은 신석기 시대,
빗살무늬가 없는 평활근은 계급이 생기는 청동기 시대에 해당하므로
평활근이 평평한 평화를 더 사랑할 수 밖에 없네

신석기 시대-인류 최초로 토기를 만들고, 불을 사용
- 강이나 바닷가에서 살면서
　모래에 세우기 쉬운 끝이 뾰족한 토기에 음식을 담거나
　불에 익혀 먹을 때 토기가 깨지지 말라고 빗살무늬를 새김
　소시지나 밤을 구울 때, 칼집을 내지 않으면 '펑' 터진다
청동기 시대 -농경시대 *靑銅器=구리+주석. 아연. 납 등(농사짓기 쉬워짐)
　　-바닥이 납작하고 화려한 민무늬토기(무늬 없는 토기. 無文土器) 사용
　　-계급이 생기고, 계급을 과시하기 위해 토기가 화려해짐

*골골골

목에 무언가 걸린 것 같이 답답하기에
병원에 갔더니
신경성이라고 마음을 비우라 하네
마음을 비웠더니 시어머니께서

속없는 년이라고 구박하네

골골골(骨骨骨) 뼈가 빠져 나가니
골다공증(骨多孔症), 어지럼증(耳石症)이 찾아오고
뼈마디가 아파 병원에 갔더니
뼈 빠지게 일 하라고 하기에
뼈를 다 뺏더니
뼈마디 통증은 사라졌지만
뼈대 있는 멸치집안이
문어 집안과 헤어졌다는 옛이야기도 모르냐면서
뼈대 없는 집안에서 온 년이라고 시어머니께서 더 구박하네
하늘이 온통 회색빛이다

67) 미친 사람

임윤찬 학생이 초등학교 때 선생님 허락 없이
음악 시간에 피아노 건반에서 '미'를 친다
미 친놈 나와
제가 미 쳤는데요
네가 미 쳤니
예, 제가 미 쳤습니다

2022년 미국 반 클라이번 피아노 콩쿠르에서
18세인 임윤찬이
인간의 기교를 뛰어넘는 연주로 (超絶技巧 초절기교)
'미'를 치고 1등을 한다
미치지 않고서는 칠 수 없는
초절기교로 미 친놈 나와 !
리스트가 15세 때 작곡한 미친 연습곡 12개를
65분 동안에 쉬도 않고 멋지게 연주한 임 윤찬이
제가 초절기교로 미 쳤는데요
네가 초절기교로 미 쳤니
예, 제가 초절기교로 미 쳤습니다
스승은?
신라시대 가야금 연주가 '우륵'

*돈 없으면 가진 은사로 봉사, 불교 布施(보시)

쾌락- 나의 탐욕을 위해서 다른 사람을 짓밟는 탐욕
희락 -다른 사람을 기쁘게 하다가 나도 기쁜 것

*絶(끊을 절)=糸+色. 실타래(糸)를 칼(刀)로 자르듯 뱀(巴)을 끊다
실(糸)의 色이 바래니 끊어지다
*Transcendental 초월적인 studies(연습곡)
*技巧의 巧(교묘할 교) -장인(工)이 교묘하게 만든, 물건이 꼬부라진 모양
muscle memoring
技(재주 기) -손으로 대나무를 잡고 버티는 모양, 노후 지탱하다
朽(썩을 후) -나무가 꼬부라져 있으니 썩다. 老朽(노후). 不朽(불후)
*라흐마니노프 피아노 협주곡 3번

*우氏 집안 경사 났네(우리야. 우륵)

잊혀져 갔던 인물이 살아났네
'우륵(신라 24대 경순왕 526~576)'은 1500년이 지나
임윤찬 때문에 반 클라이번 피아노 콩쿠르에서 살아났고,

다윗王(기원전 1030~970)에게 죽은 '우리야' 장군은
1000년이 지나 예수님 때문에 족보(신약)에서 살아났네
다윗은 '우리야'의 아내에게서 솔로몬을 낳고 ...(마태1:6)

*가야금

가야國 가야금(伽倻琴)이
가슴과 머리의 감동을 준다
12 개의 갈비뼈(늑골)와
12 개의 腦(뇌) 신경을
오동나무 밤나무 그릇에 담아
12 줄로 뽑아내는
神들의 미묘한 소리
미치지 않으면 칠 수 없는 우륵,
초절기교로 '미' 친 것 아닌가?

*가야금은 왜 12줄인가?
于勒의 勒(굴레 륵. 억지로 륵)은
말이나 소를 부리기(力) 위해 얽어매는 가죽(革)줄이다
우륵: 오동나무에 가죽 줄을 얽어매(勒) 소리를 만든(가야금) 사람

勒과 비슷한 단어는, 힘을 쓰는데 가장 중요한 부분인
갈비뼈(肋 갈비 늑)이다. 갈비뼈는 12개이다. 그래서 12줄?

*갈비뼈가 휘다. 휘어질 정도로 힘에 겹다. 힘이 최고다.

*우륵- 樂而不流 哀而不悲(락이불류 애이불비)
-즐겁지만 넘치지 않고, 슬프지만 비통하지 않다(중용. 과유불급)
-음악으로 울분(恨)을 토한 다음, 모든 것을 초월한 상태 (임유찬)

*저기압(일상. 구름 +++ 우울증)에서 고기압(종교. 태양+++)으로 가려면 예술(신바람. 신명. 중용. 흰색. 기억력. 평상심)을 통해서 간다

68) Eggslut - 싸이코 패스. 소시오 패스

에그슬럿이란 달걀을 사랑하는 사람
달걀에 미친 사람이란 뜻이다
모든 요리에 달걀을 넣는다는 세프 때문에 생긴 상호이다

주변사람들을 괴롭게 하는 미친 사람도 있다
뒤틀리고 비뚤어진 마음에서 나오는
비정상적인 말과 행동
자신의 성공을 위해서는
수단과 방법을 가리지 않는 미친 사람
도대체 저 사람 왜 그래!
주변이 괴롭다
이웃에게 애정이나 배려보다는
분노. 뒤틀림. 원한. 한풀이 등으로
모든 음식에 계란을 뿌리듯이 복수하는 미친 사람
양심의 가책이 없다
치매처럼 치료도 잘 안된다
이런 사람들을
조현병(정신분열증). 사이코패스. 허언증. 편집증 이라 한다

* slut -난잡하게 놀아먹는 게집. 잡년
虛言症(허언증) -뻥쟁이. 거짓말. mythomania
망상 - 쓸데없는 생각
피해망상 -내가 피해를 보았다고 상상하는 것
싸이코 패스 -잘못된 일을 하고도 죄책감을 느끼지 못한다
소시오 패스 -잘못임을 알면서도, 본인의 성공이나 이득을 위해서
다른 사람을 함부로 이용한다

닭 잡아먹고, 오리발 내민 놈들

*psycho(정신) + path(결핍. 이상. 병리상태)

*스트레스는 pass 하라, 그렇지 않으면 싸이코 패스(path) 된다

*Good Stuff Eatery 버거(뜻: 잘 채워 넣은 음식점)

-오바마 대통령이 좋아했다고 오바마 버거

-good -질적으로 좋은. 즐거운. 기쁜

stuff -것들. 물건, 물질

eatery -음식점. 식당

*shake shack 셰이크 쉑 버거. 쉑쉑

-shake 흔들다(밀크 쉐이크). shack(판잣집)

-공원의 허름한 가게가 원조

69) 딸이 가고 싶은 절(寺)

서울에 살고 있는 딸
고3 손주 때문에 고향에 내려오지 못한 딸
구례 화엄사가 보고 싶다네
지리산 노고단 아래
넓게 펼쳐진 구름 소리
천년 신라의 미소가 서린 곳
옛 스님들의 불경소리 듣고 싶다네

*구례 화엄사: 신라 진흥왕(544년)때 창건
*求禮(구례) -예를 추구하는 마을. 예를 구하는 마을
求 - 하나(一)의 물(氺) 방울(.) 이라도 구하려고 하는 마을
구례가 아름다운 것은 구례사람이 아름다워서이다
어느 누구에게나 예를 베풀고 인심이 후한 고장
他人能解(타인능해. 누구나 능히 쌀독을 열수 있다)
雲鳥樓(운조루) - 구름 속에 새처럼 숨어 사는 집,
구름 위를 나는 새도 돌아오는 집
화엄경 -부채님의 깨달음의 세계를 기록한 경전
-華嚴 뜻, 꽃같이 장엄한 경
화엄사(華嚴寺) 이름 유래 - 화엄경의 두 글자

華(빛날 화. 꽃. 아름다움)=艹 + 垂(드리울 수. 千 + 艹 + 土)
꽃(艹)이 천개(千)나 땅(土)에 내려왔으니 '빛나다' *華燭(화촉)
아담 뜻이 흙(土)이다. 겸손하라고
잠잘 때는 눈(目)이 아래로 내려와(垂) 겸손해야, 睡(잠잘 수)
-睡眠(수면),
-眠(잘 면, 볼 민) -잠이 보약이다.
-너무 겸손하여, 너무 내려가면
目(눈)이 신분이 낮은 백성(民)이 되면,
눈꺼풀이 아래로 감겨진다(어둡다) 永眠(영면). 冬眠(동면)

정신적으로는, 우울증 de(down)pression(press)이 온다

-수면용 코 호흡 테이프(나이트 민 Night 眠)

-입 호흡 방지. 입 건조증 방지. 코골이 방지

침이 입(口)에서 아래로 내려온다고 唾(침 타)

쇠(金)가 아래로 내려온다고 錘(저울 추. 종 추)

*화촉의 燭

*蜀(벌레 촉) -罒(그물 망)+勹+虫 그물에 쌓여있는 '벌레. 애벌레'

-촉나라 이름. 닿다(觸)

獨(홀로 독) -촉나라 개는 잘 싸우므로 '홀로 둔다. 외롭다'

70) 혁대(革帶. 허리띠)와 인대(靭帶. 뼈 띠)

나폴레옹이 빨강 허리띠를 차는 이유는?
바지가 내려 갈까봐
으 하하하!
사람들은 가죽(革)으로 만든 허리띠를 찬다
바지가 내려 갈까봐

뼈(骨)들은 서로 떨어 질까봐
칼날(刃)같은 질긴 섬유 끈(질길 인. 靭=革+刃)으로
서로 단단히 묶어(lig=tie. fasten. ligate 묶다)
뼈 띠(靭帶)라는 혁대를 찬다

코로나 후, 경제가 아주 나쁠 때
정부에서 허리띠를 졸라 매자고 외친다
소상공인들 왈, 졸라 맬 허리띠도 없다네
으 하하하!

*帶(띠 대) 버클 卌 + 천을 누르는 冖 + 가죽으로 만든 천(巾)
*명사를 만드는 접미사 2개(~ment. ~ness)
주로 동사 뒤에 오는 ~ment : agreement. movement. ligament
주로 형용사 뒤에 오는 ~ ness : happiness. kindness
*인대(靭帶 ligament) : 뼈와 뼈 연결. 아교섬유(collagen fiber)
건(腱 힘줄 건. tendon) : 뼈와 근육 연결
스트레칭 - 인대. 힘줄을 이완시킴
*섬유(실=인대+힘줄)가 손상되면 잘 낫지 않는 이유
- 혈관이 별로 없다.
혈류가 적기 때문에 재생인자 공급이 잘 안된다

*靭(질길 인) - 칼날과 같은 가죽이니 '질기다'
建(세울 건) -붓을 끌고 갈 때는 '세우다. 서다' *王建(왕건). 建設(건설)
*腱(힘줄 건) -몸을 세우게 해주는 힘줄
健(굳셀 건) - 사람이 서 있으니 '굳세다. 건강하다'
*姿(서있는 사람을 좋아하는 여자)
*건=tendon . tent(쭉 펼쳐서 세운다. 송곳같이 힘줄을 세운다) *아킬레스 건
tend(ten=stretch + d(de=away)-몸이나 마음을 밖으로 끌어내다.
경향이 있다. 도움이 되다. 돌보다
*hypertension(고혈압). tension(긴장. 팽팽함)

*중국 사람들은 病院이란 글자를 싫어한다
醫院은 병을 치료한다. 병을 고치는 곳.
병을 고치는 의사들의 집이지만
病院(병들 병+ 집 원)은
병든 집. 병이 나는 곳. 병자가 많은 집
병균이 우글대는 집이라고 중국에서는 싫어한다네

*付(줄 부) -다른 사람에게 손(寸)을 내밀어 무언가를 주다(부탁하다)
붙여주다. 붙이다. 후보추천을 잘 부탁(付託) 드립니다
納付(납부. 바치는 일). 當付(당부)
*納(들일 납) -옛날에는 세금으로 바치는 것이 주로 실(糸)이나 비단
納付金 納入 냄. 치름. 納骨堂
*附(붙을 부) -언덕(阝)이 서로 붙어있다
*府(관청 부) -준(寸) 것을 저장하는 집(广)이니 '관청. 곳집'
*腐(썩을 부) -창고(府)에 고기를 넣어두니 썩다

*귀금속 -貴 의 뜻: 귀하다 + 희소. 稀貴(희귀)하다
屬 의 뜻: 같은 종류. 무리
燭(촛불 촉) -벌레가 움직이는 불, 촛불. 밝다 *華燭(화촉)
觸(닿을 촉) -벌레는 뿔(角)로 느끼니 '닿다. 범하다' 觸感. 接觸
濁(흐릴 탁) -물에 벌레가 있으니 '흘다. 어지럽다' 混濁(혼탁). 濁酒(탁주)

嚴(엄할 엄) -언덕(厂)세서 용감하게(감히 감 敢=耳+攻)
소리치니(口口) '엄하다'
巖(바위 암. 山+嚴) -산에 있는 돌. 奇巖

癌(암 암)

屬(붙을 속. 무리 속. 이을 촉. 따를 주) -

-꼬리 미(尾)+蜀 , 짐승들이 벌레를 쫓기 위해 꼬리를 열심히 흔들어대지만 벌레들은 짐승의 꼬리 주변을 끊임없이 달려든다 '무리. 거느리다. 따르다'

- 附屬病院(부속병원). 貴金屬(귀금속). 貴婦人(귀부인)

＊附屬(부속) -주되는 사물에 딸려서 붙음. 00大學 부속病院. 附屬醫院

71) 썩은(腐) 콩(豆), 두부(豆腐) - 마시멜로. 아욱

맛있는 두부가 콩 썩은 것이라니 ?
腐敗(부패)의 腐가
두부에서는 썩은 것이란 뜻이 아니고
뇌수(腦髓)처럼 연하고 물렁물렁하다고
우리말로 삭힌 것, 띄운 것 이라니
오해하지 마세요

*散(흩을 산. 흩어질 산) -가루는 흩어지는 성질
우리 몸(月)은 21일간(二十 一日) 두드려야(攵) 가루가 된다
(21일 법칙)
散 - 몸(月)이 가루가 되는데 21일. *龍角山

*마시멜로(Marsh 습지. 늪지+mellow 아욱, 부드러운)
Bone mellow(骨髓 골수) -뼈가 부드러운
아욱(마시멜로) - 동양에서는 국으로 끓여 먹고
- 서양에서는 마시멜로 뿌리에서 추출한 물질로(뿌리 즙)
스폰지 형태의 사탕류 식품(쫀득쫀득하고 달콤한 캔디) 제조
- 의약품 - 부기 예방, 치통. 인후통. 소염효과

아욱

마시멜로

72) 선덕여왕과 분황사

당 태종의 모란 그림 선물을 받은
선덕여왕은 나비가 없는 것을 보고
향기가 없는 꽃이라고 예견했다지만
자식이 없었던 선덕여왕으로서는
자신이 향기 없는 여인이라고 얕보지 않나 하는 의심도 했는지
풀(艹)을 칼로 자르면(分) 향기가 난다는
'향기로울 분(芬)'을 넣어
경주에 향기를 내뿜는 여왕이라고
芬皇寺라는 절을 지었다고 한다

행운(幸)의 알(丸)을 잡으면(執)
향기로운 풀(艹)을 만들 수 있다고 일러준다(云)
이것이 예술(藝術)의 藝(艹 + 幸+丸+云)이다
術은 길거리(行)에서 점박이(丶) 있는 좁쌀(朮)을
키울 수 있는 재주(기술)이다
선덕여왕의 분황사를 보면
예술을 만끽하는 훌륭한 여왕임에 틀림없다

*云(이를 운) 어조사. 말하다
雲 -비(雨)가 온다고 일러주는(云) 구름
조 -두 종류, 메조와 차조(좁쌀)가 있다. 차조 출(朮)
慧(슬기로울 혜) -빗자루로 자신의 마음(心)에 낀
쓰레기나 먼지를 쓸어버려야 智**慧**가 생긴다
研究 -갈다. 연(硏) 돌을 평평하게 갈다 보면
돌에 대한 연구를 자연스럽게 하게 된다
究(연구할 구) -구멍 혈(穴)+九(오래되다. 많다)

굴속에 들어가 오래도록(九) 있으니 '연구하다. 탐구'

幸(다행 행) -한번(一) 매운맛(辛)을 보고 깨달으면 '다행'
이다. 손을 둥굴게(丸) 해서 그걸 꽉 잡아야(執) 한다

執(잡을 집. 幸+丸) -잡다. 체포하다. 執着

幸(다행 행) -한번(一) 매운맛(辛)을 보고 깨달으면 '다행'이다.
손을 둥굴게(丸) 해서 그걸 꽉 잡아야(執) 한다

執(잡을 집. 幸+丸) -잡다. 체포하다. 執着

睾丸(고환) -다행스럽게(幸) 핏줄(血)을 전한다. '피는 못 속여'
불의 알(불알) *睾(불알 고). 혈연주의. 유류분 상속세

線(샘 선) -몸속의 샘(천). 甲狀腺(갑상선). 淋巴線(임파선)

泉(샘 천) -바위틈이나 옹달샘에서 물이 흘러나오는 모습

*祖 와 宗의 차이(이조시대)

祖 - 창업자(태조). 재창업자(세조). 전쟁(선조) 등 공로가 있을 때 (7명)
- 인조(광해군), 영조. 정조(당쟁), 순조(홍경래 난, 천주교 배척)

宗 -德이 있을 때

73) 고자(鼓子) - 피는 못 속여(睾)

생식기관이 불완전한 사람, 鼓子
왜 피(血)는 못 속인다는 '睾(불알 고)'字가 아닌
북소리가 들어간 '鼓(북칠 고)'字로 음악적지요

슬픈 일이지요
열매를 잘 맺지 못한다고(鼓子花 메꽃),
북(鼓)처럼 속이 텅 비었다고(씨가 없다고)
환관들이 상감마마에게 있는 말, 없는 말
꾸며서 고자질 한다고

*사마천 -사기의 저자
-사마천이 생식기를 거세하는 형벌을 당한후
누에 키우는 방(蠶室 잠실)에서 사기를 집필했다고
잠실을 고자라고 의미
鼓 손(又)에 십자가(북채)를 잡고 북을 치다

*가치 있는 생명에는 3가지 교환이 필요하다(레비스트로스)
1) 피(血)의 교환 -睾丸 -피는 못 속여
2) 언어 교환 -정의. 사상. 선. 가치
3) 돈의 교환

**代 와 世

1 世	玄祖	5 代祖
2 世	高祖	4 代祖
3 世	曾祖	3 代祖
4 "	祖	2 "
5 "	父	1 "
6 "	자기	

7 “	子	1 代孫
8 “	孫	2 代孫
9 “	曾孫	3 “
10 世	玄孫	4 “

代는 자기를 제외함
世는 씨족에서 주로 사용. 혈통의 흐름에 따라 순번
始祖(1세), 그의 子(2세), 孫은 (3세), 曾孫은 (4세)
代는 혈통의 흐름이 아닌 직책에 임명된 순서

* golf ball의 balls(배짱. 고환. 공) 발음과
나이아가라 폭포 falls와 발음이 비슷하다고
비아그라(viagra)=vigorous(혈기 왕성한)+Niagara Falls, 정력이 센 남성
* 시알리스=ciel(하늘)+Alice(이상한 나라의 앨리스)
-하늘을 나는 즐거운 기분을 느끼게 하는 약

* 임금보다 내시가 오래 사는 이유
여성이 남성보다 오래 사는 이유
-남성호르몬(테스토스테론)-면역기능을 저하시키고, 심장질환을 유발
여성호르몬(에스트로겐) -면역기능을 강화시키고 세포손상을 막아준다

74) 傲慢(오만)한 푸틴 - 푸시킨

2022년 2월
러시아의 푸틴은 우크라이나를 침공하고
핵 위협까지 하고 있는 것으로 봐서
오만 증후군(Hubris syndrome)에 걸린 환자라고 생각된다
Hubris는 그리스어로 神의 영역을 넘보는 병이다
'거만할 오(傲)' 字는 人+土(出의 변형)+方+攵(칠 복)으로
이리 뛰고 저리 뛰고(出)
사방(方)을 뛰면서 치고받고(攵)
신나게 노는 모습이다
'사람 인(人)' 자가 들어가면
방자하고 건방지게 놀고 있네 라는 뜻이다
'게으를 만(慢)'자는
느리다. 게으르다. 태만하다. 거만하다는 뜻이다
오만 증후군 치료는 단 하나
겸손(謙遜)주사, 한방

*謙(겸손할 겸)- 상대방의 입장과 나의 입장을(겸상으로)
고려하여 하는 말(言). 謙遜(겸손)
秉(잡을 병)=벼(禾)를 손(彐)으로 잡다
兼(겸할 겸) - 禾+禾彐+ 벼 두포기를 손으로 잡다. 兼職, 兼業
鎌(낫 겸)=金+兼, 볏단을 움켜쥐고 베는 금속, 낫 . 鎌狀赤血球貧血症
曼(길 만, 끌 만)=冒(무릅쓸 모)+又 -얼굴을 가리는 복면(冒)을 손(又)으로
길게 끌어내리다(복면으로 가리니 마음 忄, 慢 이 거만하다)
慢(게으를 만) -일은 안하고, 하루에(日) 4번씩(四) 먹고
또 먹기만 한다(게으르다)

*급성 때 치료 안하고 교만(驕慢) 떨면 慢性 질환으로 간다
冒(무릎쓸 모)-머리 수건으로 눈을 가리고 앞으로 나아가니 '무릎쓰다'
*傲의 士, 賣의 士 -- 出 의 변형
*驕(교만할 교) =馬+喬(높을 교. 夭 어리다 요+高)
나무는 키가 크고, 가지는 멋지게 휘어져(요) 있다
교만 -말이 사람의 말을 듣지 않고 앞발을 높이 들며 날뛰는 모습
말띠 생들은 말꼬리 잡히지 말고, 교만하지 마라!

*푸氏 집안, 푸시킨(1799~1837)
삶이 그대를 속일지라도
슬퍼하거나 노여워하거나, 전쟁은 하지 마라
슬픈 날을 참고 견디면
기쁜 날이 오고야 말리니 ....

푸틴(1952년생)보다 150여년 앞선 집안 어른인
詩人 푸시킨이 한마디 덧 붙인다
'나도 결투 좋아하다가(29회) 38세에 생을 마쳤다
오래 살고 싶거든
전쟁을 멈춰라'

*푸시킨 동상 -롯데호텔 입구(2014년)

75) 곰은 북극에만 있다

곰은 북극에만 있다
남극에는 없다

아시아와 아메리카 대륙으로 둘러싸인 바다와
그 위에 떠 있는 빙상으로 구성되어있는 북극은
북반구에 살던 곰들이 먹이를 찾아 이동할 수 있지만,
넓은 바다 한가운데 있는 남극은
곰이 이동할 수 없기 때문이라네

북극 North pole, arctic(악틱)
- 그리스어 arkto가 어원으로 뜻은 곰(bear)
남극 -anti + arctic =antarctic (앤타앜티커)
antarctic에서 유래된 상표 -
1) 아르헨티나 시원한 맥주 -엔타그틱
2) 코오롱 겨울 외투(패딩 점퍼-: 애나리커(안타티카 antarctica)

*북극곰은 생애 대부분을 바다에서 보낸다.
바닷물이 언 얼음덩어리인 해빙위에서 매복하고 있다가,
숨 쉬러 올라온 바다표범을 사냥한다.
250~500kg의 북극곰들은 빙하를 찾으려고 매일 수백km를
시속 10km로 헤엄친다.
빙하는 북극곰의 먹이를 사냥하는 일터이고, 자식을 키우는 학교이다.

*고양이가 풀 씹는 이유 - 모기 쫓기 위해서
풀잎을 씹으면 모기가 싫어하는 화학물질을 방출한다.
*바위에 잘 달라붙는 홍합의 접착력을 이용해서
홍합접착단백질로 흉터를 치료하는 의료용 접착체 개발
*나방날개 비늘은 소리를 흡수하므로, 초음파 반사파를 감지해서

먹이를 잡아먹는 박쥐로부터 피할 수 있다.
이 비닐을 모방한 필름을 벽지에 붙이면
아파트 층간소음을 87%까지 방지할 수 있다네.

76) 바께스와 버킷(bucket) 리스트

바께스 좀 주세요
물통 또는 양동이란 뜻의 버킷을 일본식으로 발음 한 것이다
Basket ball(농구)의 basket은 광주리를 뜻한다

요즈음 버킷 리스트의 바께스(버킷)는 그 뜻이 다르다
목에 줄을 감은 후,
양동이 위에 올라서서 자살하려고
양동이를 차는 행위(kicc the bucket)로
'죽다. 교수형에 처하다' 뜻을 담고 있다
죽기 전에 꼭 해보고 싶은 소망 목록이 bucket list 이다

비록 나이는 좀 들었지만
아무것도 안하고 세월을 보내니
더 늦기 전에
뭐라도 하면서 남은
여생에 즐거움을 찾아 가는 것이다
better late than bucket
힘 내 ! 그래도 안하는 것 보단 나아 ! 知好樂 !

＊籠(대그릇 롱, 새장 록)
-하늘을 나는 龍이라도 대나무 그릇에 담아 잡아 가둔다
농락(籠絡)
-남을 교묘한 꾀로 속여 제 마음대로 이용함
絡(이을 락) -제각기 흩어져 있는 물건을 실(糸)로 묶는다
連絡(연락)
球(공 구) -둥굴게 깎은 옥. 籠球(농구)

77) 형제는 다툰다 - 에서와 팥죽

이삭의 쌍둥이 아들
에서(Esu)와 야곱(Jacob)은
팥죽 한 그릇으로 다툰다

아담의 두 아들,
카인(농부)과 아벨(양치기)은
형인 카인이 동생 아벨을 죽이는
인류 최초의 살인자가 된다

10명의 형들에게
은(銀) 이십에 노예로 팔려간 요셉(후에 애굽의 총리)

형제들은 왜 싸울까?
그 답은 競(다툴 경. 겨룰 경)에 있다
두 사람이 서서(立)
서로 자신이 兄이라고 다투기 때문이 아닐까?
십자가(十) 지고 오래 견디며
이기는 형(克 이길 극)이 되어야 하는데

*야곱은 에서(Esau)에게 팥죽 한 그릇으로 장자의 명분을 샀기 때문
*농부 카인이 바치는 땅의 소출인 제물 보다는
양치기 아벨이 바친 양고기를 하나님께서 더 좋아 하셨기 때문
야곱의 자녀 -아들 11명. 딸 1명
*12지파=10형제+ 손자 2명(요셉의 두 아들)
11번째 아들, 17세에 노예로 팔려간 요셉은 30세에 애굽의 총리가 된다
12지파에 요셉 대신 요셉의 두 아들이 들어간다(2배의 축복)

＊아버지 이름이 요셉이면, 자식들이 축복을 받는다
(예수 아버지. 요셉총리)

＊빛의 형제들

'하나님이 가라사대 빛이 있으라 하시매
빛이 있었고
그 빛이 하나님의 보시기에 좋았더라(창세기 1: 3)'

빛의 형제들은
눈에 보이는 가시광선(빨주노초파남보)도 있지만,
가시광선의 형(감마선 선)과 동생들(전파. 라디오파)은
사람들의 눈으로 볼 수 없다
형들은(감마선. X 선) 의료계에서 열심히 일하고 있으며
동생들은 요리(전자파 오븐)와 방송(라디오파)에서
활동하고 있다
적외선은 공항 등에서 열화상 카메라, 적외선 체온계로 사용하며
접근하기 어려운 고열의 용광로에서 사용한다
＊자기장을 이용하는 것:
MRI (자기 공명영상)
TMS(경두개자기자극술)
-뇌졸중이 왼쪽 뇌 앞쪽에 생기면 우울증이 심하고,
오른쪽 뇌 앞쪽에 생기면 기분이 좋아 들뜬다는 사실을 인용해서
우울증(마음의 감기)의 경우 왼쪽 前 전두엽(좌측 상단 앞부분)에
TMS로 자극을 하면 세로토닌-도파민 회로가 활성화되어 기분이 좋아진다

＊빨주노초파남보(동생들부터 배열) -
＊형제 순서: 빛의 속도로 빨리 걷고(1초에 3억 m), 힘이 쎈 순서
맏형 감마선-둘째형 X선 -자외선-보남파초노주빨-적외선-원적외선-
-마이크로 파 -라디오파
＊전자기파의 방향 - 양극(+)에서 음극(-)으로, N 극에서 S 극으로
＊북극은 S극, 남극은 N극으로 되어있으므로, 나침판의 N극은 언제나 북쪽을 향한다
＊자기장(磁氣場) 때문에 태양의 태양풍, 우주선 등 나쁜 물질을 막아주고,
자기장을 통과한 입자들은 대기에서 흡수 대부분 흡수(태양의 공격에서 보호)
＊玄(검을 현), 玆(이 자, 이에 자, 초목의 싹이 자라는 모양, 초목의 싹, 자라다)

玆(이 자)-검디검은 곳에서 인식할 수 있는 것은 '이것' 이지요
滋(불을 자, 맛 자) -싹이 물로 자란다. 자란다. 번성하다. 滋養(자양)
磁(磁石, 자기 자) -자라는 돌, 다른 성분이 달라붙어 계속 자라는 모양
慈(사랑 자)-마음이 자라다. 사랑하다. 검디검게 마음을 태우는 어머니 사랑
자자자자 -껌껌해야(玆) 磁石처럼 붙어서 사랑(慈)을 할 수 있다
서로 성격이 특이해서 사랑해놓고(N극+S극), 헤어질 때는 성격이 다르다고,
으 하하하!
大慈大悲(대자대비) -위대한 사랑, 위대한 슬픔
* 전기(electricity)의 어원: 그리스어 보석 호박(electron)
천으로 호박을 문지르면 주변의 물체를 잡아당김.
* 햇빛은 하나님이 주신 최고의 천연치료제이다
햇빛은 적이 아니라 친구이다(비타민 D를 억제하는 자외선 차단제를 바르지 마라)

* 형을 엄청 존경했던 반 고흐(1853~1890)의 동생 테오는
형 따라 6개월 후에 죽었고 고흐 묘지 옆에 나란히 누워있다.

78) 말씀 한 마디

말씀(言) 한 마디로 세상을 만드신 하나님께
그 말씀(言) 한 마디에 찬양(讚揚)을 드립니다

하나님은 낭비를 하지 않습니다
자연은 스스로 낭비를 줄인다
빛이 직진하는 이유는 시간을 최소화함이 목적이고
동전이 땅에 떨어지는 것은
중력에 의한 에너지를 더 낮게 하여
에너지를 최소화함이라네

* 讚(칭찬할 찬)=言(한 마디 말씀)+贊(先+先+貝)
先(먼저 선)=牛+儿
*양(讚揚)과 양(腫瘍)
昜(빛날 양)=日+ 一 +月(勿)
易(바꿀 역, 쉬울 역)=日+月(勿)
- 해와 달이 쉽게 바뀐다
- 글자 모양이 도마뱀 , 勿(발. 깃발 모양)
腫(종기 종. 부을 종) - 몸속에 무거운 곳(重). 신생물. 부스럼

*햇볕(昜)을
잘 받는 언덕(阝) -陽(볕 양)
잘 받는 마당(土) -場(마당 장)
잘 받는 몸(月) 속 -腸(창자 장)
축 처지게 잘 받는 나무(木)-楊(버들 양)
태양을 손(扌)으로 날리면서 환영하고 찬양(讚揚) - 揚(날릴 양)
태양이 병들어(疒) 햇볕을 못 받으면 腫瘍(종양) - 瘍(종기 양)
立身揚名(입신양명) -자신의 뜻을 확립하고 이름을 날린다

*易(역)과 昜(양) 차이점

- 日과 月 사이에 작대기(一)가 있어
  쉽게 바뀌지 않고, 항상 햇볕만 있음

*아담과 휴먼(인간)의 뜻이 땅인 이유는
땅처럼 낮게 겸손 하라는 뜻이며, 에너지를 줄이라는 뜻이다.
유지들이 유지비가 많이 든다

79) 救贖과 拘束

일반 사회에서 拘束(구속) 시킨다는 것은
행동이나 의사의 자유를 제한하거나 속박한다는 뜻이지만,
하나님이 너를 救贖(구속)했다는 것은
예수님의 십자가 죽음처럼
값비싼 대가를 치르고 우리 죄를 속죄시켜
바라는 것 없이, 무조건 너희를 구원했다는 뜻이다

하나님의 은혜는 무조건 값없이 주는 것이다(救贖)
자격, 열심, 공로, 봉사, 충성, 우리의 사랑과 상관없이 주신다
우리는 은혜의 복음을 깨달아야 한다
우리를 무조건 사랑해 주시는
'하나님을 본받는 삶'을 깨닫고 따라야 한다

*자격. 열심. 공로. 봉사. 충성을 요구하는 것은 율법주의이다
*救(구원할 구).
束(묶을 속) -나무(木)를 묶는다
買(살 매) -망으로 잡은 조개를 팔아 물건을 산다
賣(팔 매) -선비(士)가 그물을 주고 돈을 받으니 '팔다'
贖(속죄할 속) -재물(貝)을 팔아(賣) 바치고 죄를 면하다
拘(꺼리낄 구. 잡을 구)
讀(읽을 독) -물건을 팔듯이 말하니 '읽다'

*소경은 본인의 죄인가요, 부모님의 죄 때문인가요?
예수님 왈: 누구의 죄도 아니다. 죄와 상관없고, 하나님의 형벌도 아니다
그에게서 하나님의 밤낮으로 하시는 일을 나타내고자
하심이니라(요한복음 9: 2~3)
*술 먹고 행패부리는 남편과 이혼 하고자 하는 부인에게

-사랑하는 내 딸아! 내가 너를 사랑하는 만큼
하나님은 네 남편도 사랑한단다. 몸이 약하고 외롭게 사는 불쌍한 내 아들을
네가 내 대신 보살펴주면 안 되겠니? *스탠포드 대학교(참조: 10억 원)

*난쟁이 딸 때문에 하나님에게 불평을 하던 목사님에게
예수님 왈: 난쟁이 딸은 네 것 이지만, 네 딸의 생명은 내 것이니라
서로 붙들고 원망하거나 모든 일을 팽개치지 말고
각자 일에 열심 하라
(현재: 아버지 목사는 훌륭한 신학대학 교수로,
난쟁이 딸은 난쟁이 유치원에서 훌륭한 선생으로 근무하고 있다)

*우리가 아플 때, 하나님은 함께 아파하시고 계신다(矜恤)
육신은 가족 것이지만, 생명은 하나님 것이니까

*罪=四+非(아닐 비) -4가지 해서는 안 되는 것(四勿論)
耳目口鼻(이목구비. 구멍 뚫렸다고 함부로 하지마라)
예가 아니면 보지(目 말고, 듣지(耳) 말고, 말하지(口) 말고,
콧구멍(鼻)으로 향기를 맡으니 먹고 싶고 갖고 싶은 탐욕을 버려라

*贖罪(속죄) -돈이나 노력으로 지난날의 죄를 씻음

*贖 -貝 + 賣(士는 出의 변형. 팔 매) 팔려고 내 놓은 것(出)
-죄를 면하기 위해 돈을 바치다(곤장 100대 대신 쌀 30가마니)
-노예를 해방시키거나 賤人(천인)이 신분 상승하기 위해 돈을 지불한다
-하나님은 인간의 죄를 면해주고자
돈 대신 십자가에 죽으신 예수님의 피로 죄값을 지불하셨다

*救贖 -죄 값을 지불하시고, 구해주셨다

*無錢有罪 有錢無罪, 無Jesus 유죄, 有Jesus 무죄
하나님은 항상 you are welcome(有Jesus 無罪)
비틀즈처럼 'I believe in yesterday 과거가 좋았어,
I believe in Jesus 예수님 믿었던 그때가 좋았어' 라고 하지 말고
Right now 지금 믿고 있어야 천국이다

80) 짱뚱이 탕

신안 증도 갯벌에서 짱뚱이를 본적이 있다
생긴 것은 못났지만 짱뚱이탕의 맛은 일품이다
짱뚱이는 옆으로 다니는 '게'와 함께
사람들 인기척만 있어도 갯벌의 구멍으로 잽싸게 사라진다
우리 몸에 생기는 암(癌)을 cancer(캔서)라 부른다
원래 cancer는 '게'을 말하는데
암이 게처럼 딱딱하고 우리 몸 여기저기로 전이된다고 붙은 병명이다
이어령 교수가 말년에 암에 걸렸을 때
자기 몸이 갯벌이라고 말한 이유도
암(癌)이 게와 짱뚱이처럼
몸속을 이리저리 뚫고(轉移) 다니기 때문이란다

*짱둥이(표준어: 짱뚱어) -겨울잠을 자는 물고기라고 '잠둥어'가 변한 말
*轉移(전이) 구를 전. 옮길 이 - metastasis 다른 조직으로 암이 퍼져 나감
專(오로지 전)- 실을 감을 때 오로지 한 곳으로만 돈다. 오로지. 專門醫(전문의)
移(옮길 이) - 결합 모판을 옮겨 모내기를 한다(禾 + 多)

*甑島(증도) -전라도 신안군에 있는 천사의 섬이다.
- 밑 빠진 시루처럼, 증도는 물이 귀한 섬
甑(시루 증)=曾(거듭 증)+瓦(기와 와) - 김이 나는 시루
중첩. 더하다. 일찍, 질그릇을 강조해서 瓦
*甑山道 -증산도 창시자 강일순이 산봉우리가 시루山 처럼 생긴 곳에서
태어났다고 증산, 증산도

	동학	증산교	원불교
시조	전봉준	강증산. 강일순	박중빈. 소태산
근거지가 전라도인 이유: 풍부한 전답과 하위층 경작. 높은 세금.	시초: 최제우,경상도 폭발; 전라도 *동학군 20만명사망 *최후 동학군 3만명 장흥 석대뜰 전투에서 사망	시루산에서 태어났다고. 김제 모악산 금산사 일대	솥단지에서 살았던 사람(소태산) 영광. 익산

최제우(1824~1864). 전봉준(1855~1895). 강증산1871~1909). 소태산(1891~1943)
濟愚(어리석은 중생을 구한다). 밥이 하늘이다.

*腦(뇌) 자체에서 생긴 종양은 짱뚱이처럼
다른 곳으로 전이(cancer)를 하지 않는다고
腦癌(뇌암)이라 하지 않고 腦腫瘍(뇌종양 brain tumor)이라고 한다

81) GPS(Global Positioning System 위성항법장치)

옛날에 배가 항해할 때는
기원전 4세기에 중국에서 발명된
남북을 알려주는 나침판이 필요했다

나침판을 밀어낸 것은
미 해군에서 군사용으로 개발된 GPS 이다
목적지 까지 실시간으로 안내해 주는
신통방통한 네비게이션이 그것이다
하늘을 나는 철새, 햇빛을 따라 움직이는 해바라기 꽃도
생물나침판이라는 GPS가 있다
세균도 마그네토좀이라는 나노 자석을 가지고 있다
나노자석에 항암제를 실어 투여한 다음
몸 밖에서 자기장을 이용해 표적부위로 약물을 보내는
치료법이 개발 중이다

*미국에서 제공한 GPS -오차범위 10 m
2022년 6월 발사한 한국 독자 GPS -오차범위 1m
*달에는 H3(helium 뜻:태양) 풍부함(100만톤. 지구 에너지 1만년간 공급)
헬륨(H3)은 방사선 배출 없이 핵융합 발전을 함(청정 에너지)
헬륨 31 g=석탄 40 t (헬륨 1톤=5조 5천억원)
*太陽의 太(클 태) -큰놈(大)한테 떡 하나(丶) 더
陽 -언덕위로 빛나는 태양
陰 -언덕에 지금(今) 구름(云)이 나타남
限 -뒤돌아보면서 가는 천민이 언덕에 막혀 恨(한 한)이 맺힌다

82) 승화원(昇華院)

시체를 태워 장사지내는 곳
화장터를 승화원이라 부른다
고인의 영혼이 빛나 하늘로 오른다는 뜻이다네

살아있을 때 사사로운(厶) 것도 공평하게 함께 나누면서(八)
고귀한 새(羽)처럼 살았던 늙은이들(翁)만
하늘을 편하게 휘젓고 나누면서(八)
葬送行進曲(장송행진곡)을 들으며
하늘(天)로 올라갈(辶) 수 있다네(送=八+天+辶)

*昇(오를 승) 日+升(되 승), 해가 고봉으로 담은 쌀처럼 오르다
升=千 + 十(열 홉, 열 명이 먹을 수 있는 곡식의 분량)
千=人 + 一(한 홉, 한 사람이 먹을 수 있는 곡식의 분량)
쌀을 고봉으로 수북하게 되(升)에 담기 때문에, 오르다. 고봉. 올리다

華빛날 화)=艹 + 垂(드리울 수), 꽃과 풀이 드리워져 있으니 '빛나다'
垂=千 + 艹 +土, 천개의 풀이 땅에 떨어져 아름답게 드리워지다

*葬送(장송) 행진곡
-葬(장사지낼 장)=艹 +死 +廾(공) :
시신(死)을 풀(艹)로 덮고, 고인의 유지를 받든다(廾)
*옛날 자동차가 없을 때 하늘을 올라가는 법
送(보낼 송): 하늘(天)에 올라갈 때 나누어 주면서(八) 간다(辶).
送金. 送舊迎新(송구영신)
癸(북방 계)- 하늘에 올라갈 때 두발(걸을 발 癶)을 벌리고 간다
*장례식장. 영안실. funeral(퓨너럴) parlour

*사전연명의료 의향서

심폐소생술, 혈액투석, 인공호흡기 착용, 항암제 투여, 수혈 등
연명만을 위한 의료행위 거부(존엄하게 죽을 권리)
단, 수분과 영양의 강제 공급(콧물 급식)은 거부할 수 없음
이명소리 때문 아닐까? (졸졸졸 시냇물 소리)

83) 라이벌(rival)

라이벌의 어원은 river(江)이다
강물을 사이에 두고
사이가 나쁜 윗동네와 아랫동네가 살면서
같은 물을 먹는다
물이 마르거나, 독이 있으면 모두 죽는다
라이벌을 죽이면 나도 죽는다
상대가 있어야 나도 발전하는 관계가 라이벌이다

*rival - 競爭자. 필적하다
爭(다툴 쟁)=爪+尹(다스릴 윤) - 서로 다스리겠다고 손톱(爪)을 세워 싸운다
君=尹+口 - 말(구)로 다스리는(尹) 사람, 임금
尹=ㅋ, 又(오른 손)+ ノ(지팡이)
- 권위의 상징인 지팡이를 쥐고 있으니 '다스리다'

*라이벌 때문에 스트레스를 받으면,
2가지 호르몬 1)에피네프린, 2)노르 에피네프린이 분비되어
화가 치밀어 올라 나쁜 성깔을 부리게 한 후,
10~20초만에 사라진다(분해된다)

심호흡 3번 하는 사이에 사라진다
참을 인(忍)자 3번만 마음속에 새기면 살인도 면한다.
참을 인(忍)의 칼날(刀)은
참지 못하는 자를 가장 먼저 찌른다.
그 칼날로 온갖 미움, 증오, 분노를 싹둑 잘라 버려라

*부지런하다 : 반대말- (보통) -게으르다
(성경) -조급(躁急)하다. 하나님은 천천히 주신다(마부작침)
慢(게으를 만, 거만할 만)
躁(성급할 조)=足+喿(새떼지어 울 소) :새떼들이 뛰어가다(足)

*토끼와 거북이
토끼의 목표는 경쟁에 있고, 거북이의 목표는 완성에 있기 때문에 거북이가 더 행복하다
*外(바깥 외) -저녁에 외출하려면 위험하니까 점(卜)을 쳐보고 나간다

84) 평등 - 腸上皮化生(장상피화생)

평등이란 모든 사람의 능력과 환경이 같은 것이 아니라
숲속의 나무들, 동물원의 동물들처럼
모두 다르고 유니크 한 것이다

우리는 쉬고 잠을 자지만
심장, 뇌(腦)는
주 40시간 노동시간이라고 따지지 않고
24시간 근무 한다

다양함은 아름답다
창조적 풍요로움과 다양성을 지키는 곳이 평등이다

*참조: 이어령의 마지막 수업(김지수 지음)
*상피세포(상피세포)는 몸 표면과 내장기관의 내부표면을 덮고 있는 세포
종류 - 옆으로 납작한 편평 상피세포
높이와 너비가 비슷한 입방 상피세포
기둥처럼 높이가 높응 원주 상피세포
기능 - 코(후각기능), 혀(미각기능), 눈(시각기능), 피부(촉각기능),
소장(영양분 흡수), 대장(수분 흡수), 소화기(소화액 분비) 등등
-평등이란 모두 다르고, 유니크 하다

*장상피화생
-원래 위산을 분비하는 胃(위)상피 세포 자리에 腸(장)상피 세포가
평등하자고 대신 들어가면 (장상피로 바뀌면, 장상피化生. intestinal metaplasia)
강력한 위산을 분비하지 못하기 때문에 발암인자를 파괴할 수 없고 위암이
생길 수밖에 없다
정상 胃 → 장상피화생 → 위축성위염 → 위 암

85) 손자들이 외갓집에 가면 가슴이 뛴다
- 미토콘드리아 DNA(mt DNA)

외갓집에만 가면 가슴이 뛴다
외갓집 감나무는 열린 열매도 더 달고 시원하다
미토콘드리아가 외가의 혈통으로 이어지기 때문이다
사위가 처갓집에서 암탉을 맛있게 먹는 이유이다

*미토콘드리아 DNA(mtDNA)
-전체 유전체의 0.1% 차지
-모계로만 유전
-세포핵과는 다른 독립적인 DNA로 난자에서 유래
-변이가 생기면, 뇌근증. 간질. 만성 외안근 마비
시력. 청력뿐 아니라 중추신경계. 근육. 심장 등에 치명적 결함초래

*외할머니가 더 살갑게 느껴지는 이유
난자에 들어있는 30만개의 미토콘드리아가
정자 꼬리에 붙어있는 150여개 보다
2천배나 더 많기 때문에 수정란의 미토콘드리아는
모두 여성 것이다

86) 돈 버는 놈은 따로 있네 - 마릴린 먼로. 앤디 워홀

축음기는 에디슨이 발명했지만
돈은 레코드회사가 벌었고,
유명한 마릴린 먼로의 초상화를 그린
팝아트 거장 앤디 워홀의 작품은
크리스티 경매에서
2억불(2천5백억)에 팔렸다

* 샷 세이지 블루 마릴린(shot sage Blue Marilyn)은 먼로가 숨진 지
2년 뒤인 1964년에
Red orange, Light blue, Sage blue, turquoise(터키 玉) 등 각각 다른 색으로
앤디 워홀(1928~1987)이 5점을 완성했는데, 행위 예술가 도로시 포드버가
워홀의 스튜디오를 방문해 먼로의 초상화 작품을 겹쳐 세운 뒤
갑자기 권총을 발사했는데
작품 2점만 총알이 관통하고, 살아남은 3점 중 하나가
2022년에 2500억 원에 팔렸다.

* 이 작품이 걸작인 이유(크리스티의 현대미술 책임자 조안나 플럼)
1)상징적 이미지(시대성)
-혁신적 창작방식으로 현대미술의 개념을 바꾸다
2)상업적 성공. 대중적 인기. 돈을 버는 것은 예술이다
-상업성이 예술의 품격을 떨어뜨린다는 개념과
순수예술은 상위예술, 상업예술은 하위예술이라는 사회적 인식 파괴
예술가는 신성해야 하고, 금전적인 보상은 포기해야 한다는 통념을 파괴
3)재생산 방식(창작의 생산성을 공장 factory 처럼 높인 최초의 예술가)
-이미지 하나하나를 다른 색깔을 칠해서 차별화 후, 대량복제

87) 4·19(四一口)의(衣) 玉은 혁명(環境)이다

먼 옛날 전통적으로 밥은 오른 손, 왼손
어느 쪽으로 먹는 것이 옳은지요?
오른 손 이다
그래서 Right가 오른쪽이란 뜻 외에 '옳다'는 뜻도 있다
왼손은 밥 먹는 손이 아니다
특히 인도나 인도네시아 에서는 오른 손으로 밥을 먹고
왼손으로 항문을 닦기 때문에
왼손으로 악수하는 것은 큰 실례이다
오른 쪽은 强, 吉, 正, 善,행운, 숭상, 바르고 옳다 등 좋은 쪽이고
왼쪽은 약, 불길, 邪(사), 악, 우매자 등 나쁜 쪽이다

나무는 해가 있는 쪽으로 뻗어가고
나무뿌리는 물이 있는 쪽으로 뻗어간다
옳은 삶은 의의 삶이다
좋은 일은 지혜이다
지혜자의 마음은 오른쪽으로 뻗어간다
나이 들어 추하고 외롭게 살지 않으려면
항시 마음을 옳게(right) 먹고 살아야 한다
사랑으로 마무리 짓는 인생이란 실패가 있을 수 없다

예수는 왼쪽 옆구리를 로마병사의 창에 찔렸고
승천 후 하나님 우편에 앉으셨다
하늘이 돕고 신이 돕는다는 天佑神助(천우신조)도 오른 쪽이다
약 복용 후 오른쪽으로 누운 환자일수록 효과도 더 빠르다

4.19 혁명은 우편에 서서 옳은 것을 쫓는
학생들의 피(血)라고 할 수 있다
대한민국 제1 공화국을 붕괴시킨 자유민주주의의 시민혁명인
4.19 혁명을 생각하면
환경과 대마도 그리고 합스부르크 왕가, 3 가지가 떠오른다
神은 항상 용서해 주시고
사람은 간혹 용서해 주고
자연환경(環境)은 절대로 용서하지 않는다는
環境의 環자에서 4. 19 혁명이 보인다
4.19(四一口) 옷(衣의 변형)에 달린
고리 모양의(環 고리 환) 玉(옥)이 그것이다

역사적으로 이종무 장군이 대마도를 정벌했던
1419년(세종대왕 원년)에도
4.19 혁명(1960년)이 보이고
1914년(4.19 거꾸로) 6월 28일 페르디난트 황태자 부부가 암살되고
이를 계기로 제1차 세계대전에서 패한 탓에
오스트리아-헝가리제국의 합스부르크 왕가 해체가 보인다

* 천우신조의 左는 손(工)으로 돕고,
右는 입(口)으로 돕는다
입을 감싼 오른손은 또한 음식도 운반하므로 '돕는다'

*환자들도 약 복용 후 우편으로 들어 누우면
위장 가장 아랫부분에 자리 잡아 알약이 잘 용해되고
곧바로 소장에서 10분 정도에 흡수되므로 통증으로부터 빨리 회복
*서 있으면 23분, 똑바로 누우면 30분, 왼쪽으로 누우면 100분

*라틴어, sinister(왼손)- 흉하다, 불운, 좌천, 좌파, 무시하다

dexter(오른손) -알맞다, 능숙하다,

right handed - 신뢰받는 사람

*革(가죽 혁 二十 + 中 + 十) -털이 제거된 가죽으로 모양과 색깔이 변하다

달라졌다. 고치다. 새롭게 하다. 새로워지다

-21일 되기 전에 바뀌는 것은 혁명이다

-21일 되기 前, 20일(二十) 만에 털이 제거되고 멋있는 가죽이

十中八九(中 十) 다 되었으니 혁명이다

-命(목숨 명) -집에서 사람을 모아 놓고(亼)

하늘이 말을 하고(口), 무릎 꿇은(卩) 사람들이 듣고 있는 모습

-革命 :천명을 기다리지 않고(盡人事待天命) 天命을 바꾼다

*盡(다할 진)=붓 율 聿+ 그릇 명 皿

- 먹물통(皿)에 먹물(灬)이 마를 때까지 붓글씨를 써라

- 賣盡(매진). 蕩盡(탕진)

*蕩(쓸어버릴 탕, 방탕할 탕) =물을 끓여 증발시키듯 풀을 쓸어버라다

津(잔액 진)하다 -붓의 물이니 진짜 물, 진액. 액체의 농도가 진하다

盡하다 - 다하여 없어지다

피는 물보다 진하다 . 혈중어수(血重於水). 피는 못 속여(寧)

Blood is thicker than water

*사람은 변해야 한다(革)

-변하기는 어렵다, 해결책은 배워야 변화한다

변화를 안할려고 하는 사람들은 아나로그

변화를 디지게 탈탈 터는 사람들은 디지탈

*식물 환경에 영향을 주는 비료의 3요소(혁명적으로 칼질하는 사람)

1) 칼륨 -작물을 튼튼하게

2) 질소 -작물 생육에 가장 중요한 영양소

3) 인산 -작물의 단백질 합성을 돕고 ,단맛을 높인다

*탕탕탕(000)

1950 (6.25). 1960(4.19). 1980(5.18)

*합스부르크 왕가

-1500년대 초부터 1차 대전 직전까지 위세를 떨친 제국이다

오스트리아+독일+체코+헝가리+스페인+이탈리아+폴란드+베네룩스 3국까지

유럽의 50%를 600년 가까이 지배한 제국이다

지금은 작은 내륙국가 오스트리아만 남았다

88) 설롱탕 先農湯 - 곰탕과 설렁탕 차이. 곤지암

이른 봄
임금이 몸소 쟁기 진 소(牛)를 부려 밭을 간다(先農)
왕비는 몸소 양잠을 시연한다(養蠶 양잠)

선농이 끝나면 쟁기 진 소를 그 자리에서 잡아
탕을 끓여 백성들에게 나눠준다
그 것이 선농탕 설롱탕 설렁탕

*곰탕과 설렁탕 차이
설렁탕 - 뼈로 국물을 만든다(소 머리. 사골. 양지 등)
곰탕(곰국) - 고기로 국물을 만든다(사태. 내장. 양지머리 등)
*蠶(누에 잠) = 牙牙+日+虫虫
누에의 어금니(牙) 2개 왈(말하기를) 현재 충치(虫) 2개 있음
蠶室(잠실)
*昆蟲(곤충)
昆(벌레 곤. 형 곤, 맏 곤, 자손. 후예. 크다)
-해(日)아래 사람들이 견주고(比) 있다 -많다.
우글거리는 벌레. 머리(日)+다리(比). 머리에 다리 달린 벌레
*昆池岩(곤지암) -바위 곁에 있는 커다란(昆) 연못
*坤地坤지(地)(곤지곤지) -주인의식을 가지라는 하늘의 섭리
*崑(산이름 곤) - 벌레가 사는 산
*棍(몽둥이 곤) - 벌레 같은 나쁜 놈을 때리는 나무
*混(섞을 혼) -벌레가 섞인 물. 混亂(혼란). 混成(혼성). 혼합(混合)(혼합)
道理道理 覺躬(도리도리 각궁) -천지만물이 하늘의 도리로 생겼으니, 너도 하늘의 도리에 따라 생겼음을 깨달아라. (각궁 - 자신을 깨달아라)
궁(躬)- 남성의 몸을 화살에 비유. 태양을 화살에 비유

89) Black Tea

보는 눈이 다르다
동양에서는 우러나온 찻물의 색을 보고
검붉은 빛이 난다고 '紅茶(홍차)'라 하고
서양에서는 말린 찻잎의 검은 색을 보고
'black tea' 라 부르네

사람들은 3월 달력을 보고 봄이라 하고
씨앗에서 땅위를 뚫고 올라온 잎 새들은
세상을 처음으로 본다고 '봄'이라 한다네

＊체르노빌 원전사고(1986년) 후 청개구리가 까매진 이유
검게 만드는 멜라닌 색소가 방사선의 에너지를 흡수해 소멸시키기 때문에
그렇다면, 핵전쟁이 일어나도 흑인은 죽지 않겠네?
Black tea를 많이 먹어야 하겠네?

90) 코로나 바이러스와 엡스타인 바 바이러스
- 딸기모양의 혀가 나타나는 4가지 병

왕관이라는 뜻의 코로나 바이러스 때문에
목이 아픈 환자들이 있다
이때는 원인균이 바이러스 이므로 당연히 항생제가 필요 없다
그러나 박테리아가 원인이 되어
인후통(咽喉痛)이 오는 경우도 있으므로
항생제를 투여할 필요도 있다
목이 아프다고 오는 환자 중에 간혹
엡스타인(Estein)과 바(Barr), 두 분 과학자가
전자현미경에서 처음 발견한 엡스타인 바 바이러스가 원인인
감염성 단핵구증(키스 병)이라는 병이 있다
이러한 바이러스 질환에 항생제를 투여하면
심한 피부발진을 일으킬 수 있으므로 주의를 요한다

* Epstein Barr Virus(EBV)
 -헤르페스 바이러스(Herpes Virus) 종류는 100가지 이상인데
 이 중에 사람을 감염시키는(human herpes virus HHV) 것은
 9 개다(HHV 1~8, B virus).
 -4번째가 엡스타인 바 바이러스
 -mononucleosis=infectious mononucleosis=키스 병
 -mononucleosis = mono 단핵(세포), 핵이 한 개 + ~osis 병적 상태
 *tuberculosis(결핵)
 -infectious mononucleosis(감염성 단핵구증)
 -혈액 중에 비정상적으로 다수의 단핵백혈구가 존재하는 것
 -발열. 편도선염. 림프절 비대
 -주로 침을 통해 전염 – 키스 병

*아스피린 부작용 -소아에 나타나는 뇌병증과 지방간(Rey 레이 증후군)

*딸기모양의 혀(舌)가 나타나는 병(4가지)

1) 가와사키 병
2) 성홍열
3) 비타민 B12 결핍
4) 감염성 단핵구증

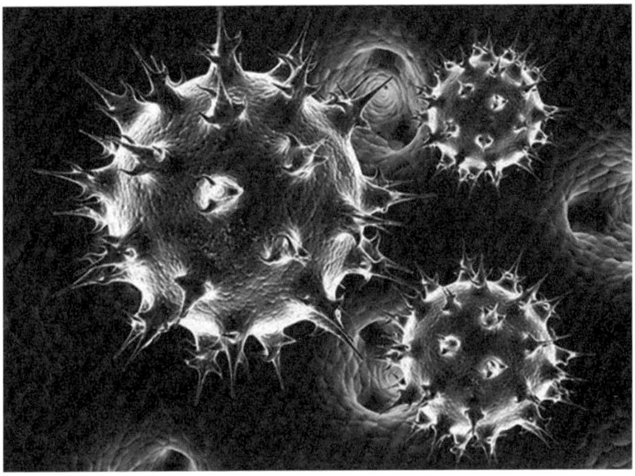

엡스타인-바-바이러스

91) 에덴東山과 인디언 (貴生과 攝生)

꽃길만 걷지 마라
땀을 흘리지 않고 남이 깔아준 길만 걸으면
나약한 사람이 된다
고뇌가 없고 즐거움만 있으면
사람은 허약해 진다
평생 안락한 생활만 누리는 사람의 영혼은
병들고 가난할 수밖에 없다
無恒産無恒心(무항산 무항심)
일정한 생업이 없으면 바른 마음을 가질 수 없다
평생 놀고먹는 다면 그 사람은 십중팔구
퇴폐와 향락의 늪으로 추락할 것이다
정부로부터 생활비를 받고 있는 미국의 인디언을 보면
권태와 무료함 때문에
도박과 알코올에 중독된 사람이 늘고 자살자가 속출한다
환상적인 몸매를 만든 사람들의 근육은
고통의 결과물이다
살아있는 물고기는 물살을 거슬러 오르고
죽은 물고기는 떠내려간다
내 삶의 아픔은 누구도 대신해 줄 수 없다

에덴동산에서 사과 먹었다는 핑계로
인간을 내쫒은 하나님의 攝理(섭리)는 기가 막히다

*恒常(항상) 恒常性(항상성)
恒(항상 항) -태양(日)이 東과 西로 항상 펴고 뻗친다
垣(담 원. 담장. 울타리) -흙+뻗치다
宣(베풀 선. 임금의 말) -궁궐(宀)에서 널리 뻗치다. 베풀다
桓(굳셀 환. 푯말 환. 빛날 환. 밝을 환)
-해(日)가 천(一)지(一) 사이에(亘) 밝게 비추는 굳센 나무,
밝은 나무(木). 푯말
桓한 세상. 桓因(환인). 桓雄(환웅) *목화토금수(木부터 시작)
*garden(뜰. 정원. 공원)
*南山(앞산). 東山(밝산)
에덴(기쁨) 東山
*圃(채마 밭. 남새 밭 포) -채소를 심는 곳. 포은 정몽주
園(동산 원. 울타리 원) -일반(민간인) 주택의 동산
- 公園(공원). 瀟灑園(소쇄원)
식구(口)대로 옷(衣) 한 벌씩(一) 입고(袁=一+口김+衣)
김밥 먹으려고(口) 가는 공원
苑(나라 동산 원) -궁궐(임금)에 속한 동산. 초목과 짐승을 기르다 - 祕苑(비원)
-저녁(夕)때까지 무릎(㔾)이 아플 정도로 누워 뒹굴고 놀 수 있는 초원(艹)
*팔레스타인(팔레스틴. 팔레스티나.)
-바다 건너 사람. 이방인. 외지인. 블레셋인 들의 땅
필리스틴(블레셋)-교양 없는 사람. 속물

92) 내가 쏜다 - sorry의 어원 sore throat. 신진대사

오늘 식사는 내가 쏜다(射. 쏠 사. 身+矢)
활의 몸체(身)에서
손(寸)으로 활의 시위를 당겨 화살(矢)을 쏜다(射)
몸에서 화살이 떠나니 '쏘다'
말(言)을 떠나게 하면(쏘면)
그게 사례하는 것이고(謝 사례할 사. 사죄할 사)
미안하다고 내가 말(言)을 쏘면(射) 그게 謝過(사과)다

沙果는 잘 먹으면서 謝過는 왜 안하려 하는가?
沙果(apple)는 달콤하고,
謝過 sorry는 그 어원이 아프다는 sore(sore throat 인후통) 이니까

＊沙 -강물(氵)이 줄어들면(少) 강바닥에 드러나는 모래
 沙果 - 물이 잘 빠지는 토양에서 나는 열매(果)
＊謝(말을 쏘다) -謝過 謝禮. 感謝.
 -물러가다. 기세가 쇠하다. 代謝(번갈아 바뀌다)
＊謝過 (사례할 사+ 허물 과) - 잘못(過)을 물리치다(謝). 사절하다
 sorry(아픈 상처) - sore throat(인후통)에서 유래
 진짜 사과는 아픈 것이다
＊主人이 물(氵)만 쏘는(射) 직업 - 醫師.
 물(氵) 注射를 줄때는 물(氵. 주사 액)을 注意해야 한다
＊過(허물 과. 지날 과. 넘을 과)
 1) 잘못하다(改過遷善 개과천선)
 2) 지나치다(過猶不及 괴유불급. 過食. 過慾. 過消費. 過速)
 3) 지나 과(過去. 通過. 經過)
 4) 면하다. 끝나다
 5) 넘을 과 (過半數)
咼 (입 비뚤어질 괘. 와)

咼+口 살을 바라낸 해골의 입모양이 비뚤어져 있다

過 비뚤어지게(咼) 가니(辶) '허물. 실수'

禍(재앙 화) -신(示)이 비뚤어지면 '재앙'

神은 절대 안면신경마비(口眼喎斜 구안와사)에는 안 걸려야 한다

*新陳代謝(신진대사) 새것과 오래된 것. 신구가 代를 이어 쓴다

代=人+弋 - 말뚝이 사람을 대신한다. 代잇기. 代물림

弋(주살 익) -줄이 달린 화살(새 잡을 때 사용)

陳(베풀 진) - 1) 떼를 이루는 진

2) 진열 -씨앗 보따리 짐(東)을 언덕(阝)에 풀어 놈

3) 진시황 진나라 이전의 진나라 이므로- 오래된. 해묵은

93) 소(牛)타고 코끼리 꿈꾸는 老子(無爲自然)

- 노르웨이 툰드라 지역의 순록 323마리
  홍익인간 재세이화. 이도여치. 광명이세
  사람의 성격 유형 10가지 (해리성, 편집증, 반사회적 성격 등)

소(牛)타고 다니는 老子는
無爲自然(무위자연) 이라고 외치면서
손으로 코끼리(爲=爪+코끼리 형상 爲)를
다루듯이 하지 말라고 한다
왜냐하면 백성들은 가만히 나두어도 잘 살기 때문이란다

無爲란
아무것도 하지 않는 것이 아니고(無行. 無爲徒食)
자연에 억지스럽게 거스리지 않고
보이지 않는 하늘의 뜻대로 순응하면서(上善若水)
배우면서 사는 것이다(無爲自然)

老子가 다시 태어난다면
공격성이 자신의 내면을 향하는 우울증,
심리적인 갈등이 신체적 증상으로 전환(변화)되거나 해리(解離)되어
무감각. 마비. 시력상실. 기억상실. 발작 등 전환장애와
귀신들렸다는 다중인격장애를 일으키는
히스테리(전환장애 轉換障礙=碍, 해리성 解離. 離人症. 다중인격장애)
성격,
나만 옳다는 편집성 성격(偏執. 망상장애. 의처증. 의부증),
타인의 의존도가 너무 높은 의존성 성격,

회피성 성격(은둔형 외톨이. 분열적 성격),
언제나 칭찬만 들으려는 자기愛적 성격,
강한 공격성을 지닌 반사회적(사이코패스, 소시오패스) 성격 등
환자들의 성격을
뭔가 의도나 의지를 갖고서(有爲)
손으로 코끼리 다루듯이 억지로 치료하지 않고(無爲自然)
평화(평강)를 섞어주면서 모든 것을 풀었스리라

無爲란
아무것도 하지 않는 것이 아니고(無爲徒食)
자연에 거스리지 않고
보이지 않는 하늘의 뜻대로 순응하면서(上善若水)
배우면서 사는 것이다(無爲自然)

*無爲徒食(무위도식) -아무 하는 일 없이 다만 먹기만 함
徒(무리 도. 다만 도)=彳+走. 같은 길을 함께 걸어가는 무리.
- 집단, 무리. 제자. 문하생 - 生徒. 信徒
- 보람 없다 - 徒食(무위도식)
도로아미타불. 徒勞(도로) - 보람 없이 애씀
爲(다스릴 위. 할 위. 하다. 이르다. 다스리다)=爪 +코끼리 형상
-손으로 코끼리를 다루는 모습 (象이 없는데?)
-또는, 손으로 모든 것을 하는 원숭이 모양
爲=爪+象(코끼리 모양). 할 위(어조사. 되다. 다스리다)
-사람의 손이 시켜서 코끼리가 일을 하다

위정자(爲政者) -정치를 하는(爲) 사람, 통치자
僞(거짓 위) -사람이 만들어 하는(爲)일로
자연 그대로가 아닌 '거짓' 僞證(위증). 僞造(위조)
만연(蔓衍)
-덩굴식물이 무성히 자라 온 숲의
나무를 다덮는 것처럼 길게 넓게 자라다
-蔓(덩굴 만. 덩굴진 풀)
-衍(넘칠 연) -물이 계속해서 가니 '넘치다. 넓다'
-부연설명(敷衍說明)
-衡(저울대 형) -물고기(魚의 변형)처럼 왕복하는 것이 '저울대'
平衡, 衡平
-敷(펼 부)=甫(클 보, 채마 밭)+方(쟁기)+攵(쟁기질)
밭(甫)의 사방(方)을 쟁기질로(攵) 크게 흩어 놓는다

*하늘은 스스로 돕는 자만 돕는다
Heaven helps those who help themselves
天助自助(천조자조)
*且(또 차) = 一 + 月 그릇에 고기가 또 쌓여있으니 '또, 거듭'
助(도울 조) -또(且) 힘주니(力) '돕다. 유익하다'
-助教授(조교수). 協助(협조)
*노르웨이 툰드라 지역의 323마리 순록이 벼락으로 떼죽음 후
3년간 방치했더니 놀라울 정도로 먹이사슬 회복
-대 자연에 인간이 개입하면 안된다(無爲自然)

*단군조선의 '弘益人間(홍익인간) -널리 인간을 이롭게 하는 삶
홍익이간의 진리가 세상에 있도록 만들기 위해서
세상에 있는 동안 모든 것을 이치에 합당하도록
국가를 이치대로 다스리는 것(在世理化 재세이화)
以道與治(이도여치) -갈등과 병폐를 사람의 길로서 낫게 한다
光明理世(광명이세) -깨달음으로 세상을 밝게 만든다

*정신질환 10가지 성격 (최고의 치료법: '평화' 라는 약을 섞어준다)

A군: 괴상한 성격 주변에 관심 없고, 자신만의 세계에서 공상, 초자연적인 생각	1)분열성 schizophrenia(調絃病 조현병) 2)분열형 (분열성 보다 더 악화) -심한 외톨이 3)편집성(파라노이드 월드) -높은 도덕적 기준
B군: 변덕이 심하고, 감정적이고 충동적인 언행	4)경계성 -어렸을 때, 부모 학대로 자기가 없다 -모든 나쁜 원인이 너 때문이야1 -경계선이 없는 모호한 정신질환 -과도한 화를 끝까지 낸다 5)반사회적-소시오 패스, 사이코 패스 6)자기애성(공주병) 7)연극성=히스테리=전환장애=해리성=이인증 어디를 가도 주목을 받을만한 옷차림. 외모. 성격을 보인다(지나치게 연극적) 관심을 받지 못하면, 해리성 장애&전환 장애로 나타난다 = 解離성(다중인격장애, 최고24개) -지킬과 하이드 = 離人증(유체이탈. 현실감 상실)
C군: 불안하고, 겁이 많은 성격	8)강박성(완벽주의. 장남) 9)회피성 - 분열성 성격 보다 덜 심한 외톨이 10)의존성

*해리성(이인증) -자신이 낮설게 느껴짐
-한 사람 안에 둘 이상의 다른 인격이 존재
-신경증, 조현병 초기, 극도로 피로할 때 나타남)
-영화에서 최고 24개의 인격을 연기
의식. 기억. 정체성. 지각능력. 운동행동 등
-강박증(남에게 맞춰간다)과 히스테리(남이 나에게 맞춰야한다)
*편집적 성격(망상장애. 의심증) -편견을 고집하고 남의 말을 듣지 않는다
-의심으로만 편집(해석)한다. 의처증. 도덕적 기준이 높다(공격성)
*분열성, 분열형(조현병)-망상, 환각, 환청, 언어혼란(소통이 안됨)

-은둔형, 산속에서 사는 외톨이
-차이점 -山에서 내려올 때 정상인 옷차림(분열성), 도사 옷차림(분열형)
-머리가 좋다. 부부사이에도 인간적인 대화가 없다
(예: 워런 버핏. 실험실 연구자들)
*정신분열증 -정신세계가 해리성처럼 여러 개가 아니라,
세상과 정신이 분열되었다는 뜻
*정신이 세상과 분열되어 흩어지면 정신분열증
정신이 한쪽으로만 집중하면 편집증 이라 한다

*편집증(偏執症) paranoia(그리스어. para 옆 + nous 마음)
偏(치우칠 편)=人+扁(작을 편, 넓적할 편)
-사람(人)의 마음이 한쪽으로만 열리고 닫히는 문(戶)
-의심이 많다는 뜻
*두 눈 사이가 가까운 동물(호랑이 사자 등) 공격적-편집증
두 눈 사이가 먼 동물(말, 양 등) 소극적. 도망-정신분열증

*분열성과 회피성 성격은 외형적으로 외톨이 은둔형으로 비슷하지만
차이점- 분열성(타인과 관계를 맺을 의사가 아예 없음)
- 회피성(마음속으로는 친밀감이 있지만, 수치심. 두려움 때문에 회피)
*경계성(경계선) 성격
-심하게 화를 내므로 주변에 사람이 떠난다
-반드시 약을 먹거나 상담을 받아야 할 정도로 충동적인 행동을 한다
-어렸을 때부터 '너는 왜 그래' '너는 사랑 받을 가치가 없어' 학대 경험
*障(막을 장) -글(章) 앞에 언덕(阝)이 있으니 '막히다'
*碍(꺼리낄 애, 가로막을 애. 礙의 속자)
-아침 햇살(旦)이 눈부시니 꺼리껴 손(寸)으로 가리다
딱딱한 돌(石)까지 가로 막는다
*扁(작을 편)=戶+册(冊) 지게문이 현판모양이니 '작다'
偏(치우칠 편) -사람이 작으면 '치우쳐진다' 偏見. 신문사 編輯
-偏執(편집증) -한쪽으로 치우친 잘못된 생각
*列(벌일 렬) -베풀다. 다스리다 -칼로 고기를 잘라
뼈(앙상한 알 歹)만 남게 '벌리다'
裂(찢을 렬) -옷을 벌리니 '찢다'
例(법식 례) -사람을 다스리니(列) '본보기. 법식'

94) 아줌마들이(婦) 뿔나면

1789년 프랑스 혁명 때
억척스럽고 힘까지 좋은 근육질을 가진
파리의 생선 장수 아줌마들이 뿔났다
빗자루(帚) 대신 생선 다듬는 칼을 들고 20km에 달하는
베르사유까지 행진을 벌렸다

여자(女)가 서서(立) 아양만 떨면 妾(첩)이다
빗자루(帚)를 들고 집안을 다스리는 여자(女)가 진짜 아줌마(婦)이다
왠 빗자루(帚)?
옛 중국에서
남의 부인이 되려면(婦) 돌아가야(歸 돌아갈 귀, 돌아올 귀) 할
집(고향)의 흙(阜, 阝)과 빗자루(帚 청소기)를
들고 시집을 갔던 전통 때문이다(止)

2022년은 코로나에서 일상으로 돌아가는 시발점이다
귀(歸) 귀(歸) 하니까 이명 때문에 고생하는 귀(耳)가 생각난다
당귀(當歸)를 먹으면 이명에 좋다던데, 사실 그럴까?

꽃은 다시 피지만,
인생은 다시 젊음으로 갈 수 없다
파리 혁명 때 뿔난 아줌마들이(婦) 지금 다시 온다 해도
耳鳴(이명) 없는 그 예전의 시간으로 복귀(復歸)할 수 없다
이명이 없던 그 시절로 가고 싶다
주름 없이 팽팽한 그 예쁜 시절의 피부로 돌아가고 싶다

하나님께서 진흙으로 만드셔서 날이 갈수록
얼굴 피부가 굳어져 간다 하더라도 그 때로 돌아가고 싶다
歸! 歸! 歸!
서양 마녀들처럼 빗자루 타고 하늘을 날아볼까?

*事必歸正. 復歸. 歸化. 歸國, 歸村
帚 - 목이 묶여있는(冖) 수건(巾. 빗자루. 걸레)을 손(彐)으로 잡고 있다
滿足 - 20(二十)장 수건(巾)을 물(氵)로 적시면(入入) 만족한다
當歸 약초
- 神이 여성에게 내려준 최고의 선물. 여성들의 인삼
- 싸움터에 나간 남편이 마땅히 돌아오기를 바란다는 뜻으로
남편의 품속에 넣어주어 기운회복(補血)을 바라는 약초
- 耳鳴에 좋다
당귀차(1일 2회) + 風池穴(풍지혈. 나쁜 바람을 가두는 연못) 자극
尙(오히려 상. 높을 상)- 집에서 불을 피워 연기를 내 神을 맞이한다
當(마땅할 당, 당당할 당) - 밭(田)에서 농사를 지을 때도 불을 피워
연기를 내 神을 맞이하는 것은 당연하다

*당귀 먹고 전쟁터에서 돌아 온 남편, 잘 먹어서 그런지 배가 나왔다
남편: 볼록 나온 배를 가리키면서 우리 집 보배야(거꾸로 배보)
옆으로 보면 베들레햄이지 (배 둘레 햄)
자동차 시대에는 아주 중요한 역할을 한다네. '에어백'
부인: 오랜만에 돌아 온 남편에게 예쁘게 보이려고 눈. 코. 입 모두 성형 수술했는데
몰라볼 줄 알았던 남편이 바로 부인을 알아 마치자 시무룩해진다.
남편: 아무리 성형수술을 해도 얼굴이 갈수록 굳어가는 이유는
하나님이 인간을 진흙으로 만들었기 때문이라네.
*호밀 -춥고 메마른 땅에서 잘 자라는 식물
호밀 빵(=검은 빵=독일 빵 胡麥, 黑麥) 먹고 환각 일으킨 사람들?
호밀의 맥각(麥角 ergot)이라는 곰팡이 균(진균)이 분비하는 알칼로이드가 있는데,
이 맥각성분을 합성한 약물이 LSD(환각제. 리세르그산 디에틸아미드)이다
구역질. 구토. 피부발진 등 부작용이 심해서 연고로 만들어 겨드랑이나
빗자루를 이용해서 여자의 사타구니에 바르고 환각상태에 빠진다고
서양 동화에 등장.

95) 손(損) 없는 날

春分(춘분)과 穀雨(곡우) 사이에
하늘이 맑아진다는 淸明과
찬밥 먹는다는 寒食이 있다
4월5일 식목일 전후로
부지깽이를 꽂아도 새싹이 난다는 절기가 청명이다
청명 한식에는 지상에 있는 나쁜 神들이
하늘로 휴가 가는 날이라
사람들이 산소를 돌보거나 이장을 한다
음력으로 0 이나 9자가 들어간 날, 9.10. 19.20. 29.30일
이때가 損이 없는 날, 귀신이 없는 날이다

봄에는 씨앗을 뿌리는 시기이지
수확하는 시기가 아니라
먹을 것이 부족하기 때문에
손님 오는 것이 무서워서 그랬는지
손님을 악귀 악신이라 불렀다

그래도 오랜만에 손(扌)에 둥근(口) 엽전(貝)도 생겼고
간섭하는 나쁜 귀신도 없으니
손해(損害) 보더라도 이 때 한판 놀아보세

* 집(宀)에 있는 우물(井)에 한(一) 사람(人)이
寒食의 寒(찰 한)자가 재미 있다
얼음(冫)을 넣으면 물이 차고(寒),
집에 있는 우물에 한 사람이 흙(土)을 넣으면

막히게 되지요(塞 막을 색. 변방 새)
腦梗塞(뇌경색). 塞翁之馬(새옹지마)

*損(덜 손) -손(扌)으로 인원(員)을 덜어내다. 줄이다. 감소하다. 損害보다
損益. 破損

*寒食(한식)- 임금은 백성들에게 옛 불을 끄고 새 불을 나누어 준다.
새 불(火)을 기다리는 동안 밥을 지을 수 없어 찬밥을 먹는다

*客(손님 객. 宀+各) - 집안에서 비슷한 모습이 아닌 각각 다른 모습을 한
사람들은 가족이 아니라 놀러온 손님이다

*顯忠日(현충일) —memorial day
- 충성에 대한 마음가짐을 가지는 날
-국토방위에 목숨을 바친 이의 충성을 기념하는 날
-충렬하는 마음을 드러내어 기리는 날
-충렬을 드러내는 날. 감사함을 드러내는 날
-기쁜 날이 아니고 슬픈 날이다
-국경일이 아니고, 법정기념일(추념일)이다

*顯(나타낼 현) -작은 누에고치(㬎)가 조금씩 커져 머리(頁)가 보일정도로
'나타내다. 밝다'
-㬎(누에고치 현) - 햇볕(日)에 빛나는 실(絲) -누에고치. 명주실
-濕(축축할 습) -누에고치(㬎)가 물에 닿으니 '젖다. 축축하다' 濕氣(습기)
-顯賞(현상) : 공로를 드러내어 표창함

*忠(충성 충) - 가운데(中) 자리 잡고 있는 마음이니 '충성'

*망종의 전통에서 유래한 현충일(6월 6일 경)
-芒種(망종) :보리를 베고, 모를 심는다
가장 중요한 조상에게 제사를 드린다
가장 중요한 목숨을 바친 선조들에게 감사함을 드린다(현충일)
벼나 보리 같이 까끄라기가 있는 곡식. 까끄러기 망(芒)+ 씨 종(種)
곡식의 종자
망종은 매우 바쁜 시기 이므로 '발등에 오줌 싼다'
매실은 망종 이후에 거둬야 품질이 가장 좋다

*亡(망할 망)= 亠(人) + ㄴ (사람이 달아나 숨으니 '망하다')
芒(까끄라기 망) - 풀이 거의 망한 것 같으니 '까끄라기'
盲(서경 맹) -눈이 망했으니 '소경. 봉사'
忘(잊을 망) - 마음이 없으니 '잊어버리다' 忘却(망각). 健忘症(건망증)
- 말년에 편하려면, 마음이 죽어야 한다. 내버려 둬. 냅둬버려

忙(바쁠 망) -망할 때의 마음이니 '바쁘다' 公私多忙(공사다망)

*음력 1월 1일 - 새해를 시작하는 첫날. 뛰어난 날이란 뜻의 설날

3월 3일 - 강남 갔던 제비가 돌아오고,

뱀이 겨울잠에서 깨어난다는 삼짇날(上巳)

- 上巳日(상사일) : 제일먼저 오는 뱀날

5월 5일 - 양기가 가장 왕성한 날(단오. 天中節. 수릿날)

7월 7일 - 견우직녀가 만나는 七夕

아침. 점심(단오). 저녁 순으로

3월 아침(巳 오전9~11시) - 농작물 싹을 티우고

5월 점심(단오의 午) - 5월에 왕성한 성장을 시작하고

7월 저녁(칠석의 夕) - 7월에 성장을 멈춘다

*추념식(追念日)

-追(쫓을 퇴. 추) -도둑놈을 언덕(自) 끝까지 쫓다(辶)

-念(생각할 념) 지금(今) 마음(心) 안에 들어있는 것, 생각

-端(끝 단, 단정할 단) -서서 끝을 준비할 때는 端正하다

*손(手)이 없으면 하늘나라에도 갈 수 없다

왜?

공수래공수거(空手來空手去)니까

절하려 간다고 절(寺)이 아니라,

스스로 허리를 굽혀 예를 갖추어 절 한다고 禮拜 또는 禮佛이라 한다

예배(禮拜), 敬拜(경배). 崇拜(숭배)의 拜는 절(拜. 절 배)이란 뜻이다

절을 할 때 오른손에 굉이(拜)가 생길 정도로 더 힘써야 한다

왜?

예수님이 하나님 우편에 계시니까

*敬天愛人(경천애인) - 하늘을 숭배하고 인간을 사랑한다

*진정한 친구(親舊)란?

- 가까이에서 본다+오래됐다, 가까이에서 오래두고 본 사람

-붕우(朋友)-진정한 친구는 새의 두 날개와 사람의 양손처럼 서로에게

소중한 존재라는 뜻 *김삿갓 朋出(月月山山, 친구가 가면))

-인디언 : 친구관계를 막역(莫逆)한 사이라고 한다

아니라(莫)+ 거스린다(逆)

서로 너무나 잘 알아서 뜻을 거스릴 일이 없다는 뜻

-지음(知音) : 거문고 명인 伯牙가 그 소리를 알아들을 수 있는 친구
종자기(鍾子期)가 죽자 낙심해서 거문고 줄을 끊는다
-추사 김정희의 세한도 -날씨가 추워진 뒤에야 소나무와 잣나무가 보이듯이
진정한 친구는 나중에 보인다.

96) 암(癌) 치료법 - 인체 면역시스템. 백혈구

하나님은 무조건 사랑이다
인간은 조건적인 사랑이다
무조건 사랑은 生氣가 돈는다
生氣는 진선미이고 사랑이고 용서이다
生氣는 면역력을 높인다
암세포를 잡아먹는 T 세포 수치가 올라간다

조건부 사랑은 氣가 막힐 때가 있다
氣가 막히면(殺氣) 癌이 된다

*사람의 몸속에는 하루 5천개 이상의 암세포가 반복해서 자라났다가 사라진다
면역세포는 이러한 암세포를 공격해서 체내에 자리 잡는 것을 방지한다.
대표적인 선천 면역세포는
대식세포. 수지상 세포. 자연살해세포(natural killer cell. NK 세포)가 있다
NK 세포는 직접 암세포를 인지해 공격하기도 하고
인터페론 감마를 분비해서 세포 독성 T 세포(Cytotoxic T cell)를 활성화시켜
암세포를 공격하라는 신호를 보낸다

*인체 면역 시스템(처리 방법 2가지 A B)
A) 체액성 면역(예방백신 원리)-체액을 타고 다닌다고
B) 세포성 면역(치료백신 원리)-세포를 직접 공격한다고

처치방법- 적군(병균. 항원)이 들어오면
-면역세포(대식세포. B세포. 수지세포)가 잡아서 분해
-분해된 조각을 주렁주렁 달고 항원을 제시하면
-helper T(보조 T세포)가 B. T 세포에게 알린다
*보조세포가 없으면 AIDS 발생

A) 체액성 면역 -

-골수 B세포에게 -항체 생성하라고 명령

a)형질세포(항체를 생산해서 항원의 기능을 약화)

b)기억세포(다음 공격에 대비해서 기억)

-혈액. 림프액등의 체액을 타고 몸을 순환하면서 항원 체포

B) 세포성 면역 -T세포(세포독성 T세포. cytotoxic T cell)

또는 NK세포(자연살해세포 natural killer cell)가

직접 항원을 공격(녹이고 분해해서 죽인다 -치료)

*<백혈구>

백혈구에는 과립구(호산구. 호중구. 호염구), 단구,
림프구(T 림프구 & B 림프구)가 있다
이 중에 단연 돋보이는 주인공은 '림프구' 라네
癌(암)을 치료하려면 2,000개(1mm) 이상 있어야 한다

외부에서 세균이 들어오면 '도움 T 세포(helper T cell)'가
'사이토카인(cyto 세포+ kein 움직임)이라는 면역세포 전달물질을
(단백질)분비하라고 한다
특정세포에서 피나 림프관으로 분비되는 호르몬과 달리
모든 세포의 면역세포에서 분비되는 사이토카인(Cytokine)은
'살해 T 세포' 와 'B 세포'의 활성을 증대해서
살해 T 세포는 감염된 세포들을 파괴하고, 바이러스를 죽이고
'조절 T 세포' 는 면역 활동을 조절한다

*백혈구
- 과립성 — 호중구. 호염기구. 호산구
- 무과립성
  - 단구
  - 림프구
    - B 세포
    - T 세포
      - 살해 T 세포(Killer T cell)
      - 도움 T 세포(helper T cell)
      - 조절 T 세포(regulatory T cell)
      - 기억 T 세포(memory T cell)

*사이토카인(호르몬 아님) 종류(면역세포 전달 물질)

1) 인터루킨(T 세포에서 분비) - T 세포 공격목표 : 바이러스

2) 인터페론(B 임파구. 마이크로파지에서 생성) - B 공격목표 : 박테리아
3) 림프카인(림프구에서 분비)
4) 모노카인(대식세포에서 유래)
5) 종양괴사인자(Tumor necrosis factor TNF)

*암(癌) 치료
1) 화학 항암제(세포독성 항암제)-먼 곳에서 포탄 쏘기. 무차별 공격
2) 유전자 변이에만 작용하는 표적 항암제
3) 인체가 가진 면역세포를 증식한 후 주입 -면역항암제
(그 지역 민병대에게 무기 공급)
4) 이이제이(以夷制夷) -오랑캐(암세포)가 오랑캐(암세포)를 다스림.
5) 重粒子(중입자. 탄소)치료 - 2분씩 치료 (세브란스 병원)
양성자 치료(수소의 양성자) -30분씩, 15회 정도 치료(삼성 서울 병원)

*항암 부작용 -근육량이 줄고, 뼈에서 미네랄 부족
심장. 뇌 기능 저하- 순간적으로 집중력을 잃거나 건망증이
나타나는 우주인의 스페이스 포그(space fog) 증상처럼
항암치료를 받으면 정신이 멍해지고, 인지기능에 문제가 생기는
케모 브레인(chemo brain) 증세가 나타나므로, 절대적인 휴식
보다는 전략적인 운동으로 심폐기능 감소를 예방해야한다.

*암 예방
1) 금연(화학물질 4000여종), 금주
2) 음식 -짜고, 맵고, 기름지고, 곰팡이 핀 음식은 피할 것
3) 기생충(방광암. 간암 발병율이 높다) 치료
4) 암과 관련된 미생물(바이러스) 접촉을 피할 것
-자궁경부암 과 인간 유두종 바이러스. 간염 바이러스(B. C형)
-헬리코 박터(위암)
5) 균형 잡힌 식사. 적당한 운동, 스트레스 해소
6) 정기적인 검진 & 웃음(평안. T 세포 활성화)
7) 암을 일으키는 직접적인 원인- 화학물질. 바이러스. 복제 실수 등으로
DNA 안에 돌연변이가 생기는 것을 예방
8) DNA를 파괴 시키는 방사선 피폭 주의
9) 암은 웃음을 싫어한다. *1일 웃는 회수: 어른 15번, 아이들 400번. *1472
*한 번 웃어 봅시다

*길가에서 바지가 한 장에 5천원 오천 원 외치자
1만 원짜리 돈을 주고 바지를 샀다. 그런데 잔돈 5천원을 주지 않자
왜 안 주느냐고 묻는다. 두 번 5천원 5천원 했지 않아요?
(그러니까 만원이지, 이 바보야)
*골목에서 오줌 싸다 들켜 벌금 5천원을 물게 되었다.
1만 원짜리 돈을 주었더니 잔돈이 없는 감시원 왈,
'한 번 더 싸'
이런 경험이 있었던 사람이 암에 걸렸다
의사: 당신의 암 생존율은 50% 입니다
환자: 콜, 그 말씀 한 번 더 해주세요(두 번 하면 생존율 100%니까)

*세상에서 가장 인기 있는 여인
-루브르 박물관의 모나리자
-매년 5백만 명 이상 찾아온다
-왜? 행복한 표정 83% + 분노와 두려운 표정 17% 섞인 웃음 때문
웃음이라고 아무렇게나 웃어서는 안된다
천일염이 인공소금보다 맛있는 이유 -불순물 때문
계속 태양만 뜬다면 사막이 된다(스페인 속담), 구름도 필요하다
만사형통보다는 세상살이에 고난도 있어야 한다
세상살이에 어려움이 없으면, 교만과 사치한 마음이 생긴다

97) 심장의 좌심방과 좌심실 사이의 문짝은 왜 2개(이첨판)인가?

(A)
심장은 방이 4개짜리이다
문간방인 좌우 심방과
안방인 좌우 심실
우리 몸 전신에 산소가 가득한 신선한 피를 보내고
피의 역류를 막기 위해서 4개의 문을 달아 놓았다
3 짝짜리 문 3개, 삼천판. 대동맥판(左). 폐동맥판(右)
2 짝짜리 문 1개, 이첨판(승모판)

심장은 피만 돌리는 것이 아니라
그림도 좋아하는 예술적 감각을 가지고 있다
문간방인 심방에는 개
좌심방과 좌심실 사이 문짝에는 주교의 모자가 그려져 있다

왜 이첨판만 문짝이 2개로 되어 있을까?
심장의 피는 산소가 가득한 좌심실에서부터 시작한다
처음 출발할 때는 피로가 없기 때문에 가볍게 출발한다
피가 역류할 필요가 없으므로 가벼운 2짝 문을 달았다
그러나 전신을 돌고 쓰레기(CO_2)를 수거하고 우심방으로
돌아오는 피는 결승점 마지막 지점의 선수처럼
피로해서 쓰러질 것 같고 뒤로 물러나고 싶으므로
역류를 막기 위해서 3짝 문(삼천판)을 달은 것이다
하나님은 대단하신 분이시네

(B)

심장에서
토끼와 거북이가 경주한다

토끼는 좌심실에서 산소를 가득 싣고
두 짝의 문(이첨판)을 가볍게 발로 차고
신나게 출발한다
거북이는 온 몸을 돌고
쓰레기(CO2)를 잔뜩 짊어지고
우심방으로 들어온다
피로에 지쳐 쓰러질 정도라
뒤로 넘어지지 않게
세 짝의 문(삼첨판)으로 굳게 잠근다

*atrium -앞방. 心房. 鼓室(고실) *thalamus(타라무스)- 視床, 안쪽 방
- 고대 로마 시대 집 입구에 있는 지붕 없는 현관 앞마당
혈액이 처음으로 심장에 들어오는 곳. 심장의 현관
또는 auricle(auris 耳(귀)- 심방이 축 처진 개의 귀 모양 같다고
ventricle - 心室(심실), 인체에 있는 작은 공간
*이첨판(二尖瓣, bicuspid valve. -좌심방과 좌심실 사이의 문
-승모판(僧帽瓣 스님의 모자 mitral valve)
-miter -천주교 주교가 쓰는 冠(관. 머리띠. 두건. 터반)
-모자의 윗부분은 뾰족한 삼각형 판이 양쪽으로 갈라진 모양
-두 짝 문으로 한 방향으로만 열린다
*삼천판(三尖瓣 tri-cuspid valve) -우심방과 우심실 사이의 문. cuspid(송곳니. 尖)
*폐동맥판(우), 대동맥판(좌) -3첨판. 반월판

*피의 순환 경로
좌심실(산소 +++) - 대동맥- 각 기관 -대정맥 -우심방-
우심실- 폐동맥- 폐 - 폐정맥 - 좌심방

* 추기경(樞機卿)
- 이첨판(+)처럼 모자의 윗부분이 양쪽으로 갈라져 있다
- 토끼 卯(+), 樞機卿(추기경)의 卿- 토끼(卯), 관모(모자)를 의미
-樞(지도자 추) -문짝과 문설주를 연결하는 돌쩌귀(경첩)
樞機 -교회의 중추(樞)가 되는 기관(機)의 어른(卿)
추기경(cardinalis 카르디날리스) -경첩(cardo)에서 파생
-문(卯)을 여닫을 수 있는 가장 중요한 부분
즉 교회의 중추적 역할을 맡는 직위
* 卿(벼슬 경) -토끼같이 어진 사람, 벼슬
* 花柳界(화류계)와 토끼(卯)

* 柳(버드나무. 미루나무)- 木+卯 토끼의 귀처럼 잎이 길게 치렁치렁 늘어진 나무
-물길 흐르는 곳에서 잘 자라는 나무
- 여성미를 상징
- 토끼처럼 여성에게 호기심이 많은 사람, 성병에 걸리는 곳
- 아스피린 발견 * 양치(양지)-버드나무 가지를 씹어 치아 염증 치료
-급하게 마셔 체하는 것을 막아준 여인들(柳花 부인)
고주몽 어머니, 왕건 부인, 이성계 둘째 부인 강씨

* 花柳(화류) -길가의 버들과 담 밑의 꽃(路柳墻花 로류장화) 같은 여인들은
누구나 덜컥덜컥 꺾을 수 있다고 생각
여기에서 花柳病(화류병)이라는 성병이 생김
* 梅毒(매독) -동양에서는 꽃(梅花), 서양에서는 흉측한 게(crab)로 표현
* syphilis(매독) -'시피리스'라는 양치기가 태양신 아폴론神의 재단을 치우고
자신이 섬기던 양치기神을 만들었다가 아폴론신의 저주를 받아 생긴 병
* 매독 원인균 -treponema Pallidum 트레포네마 팔리듐 균.
-treponema(타래송곳)의 어근 trepo+nema(실)
-pallidum -염색법으로 염색이 잘 되지 않아서 창백하다는 의미의 라틴어 pallid
-타래 송곳 -포도주병 코르크 마개를 딸 때 사용하는 용수철 모양의 송곳, 드릴
-나선형으로 베베 꼬인 모양

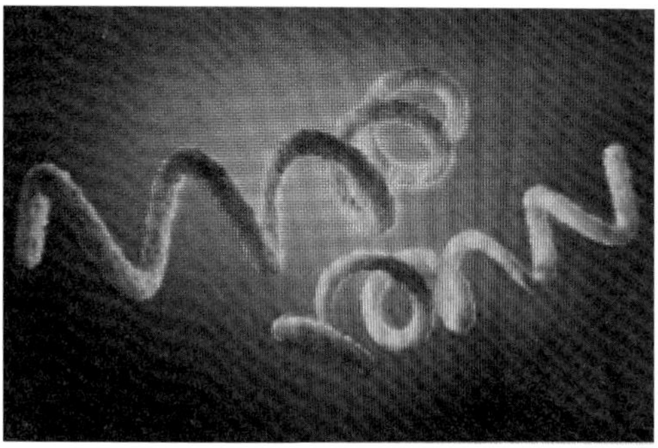 

-1기 매독의 특징 chancre(생커. 라틴어로 crab을 뜻하는 cancer 에서 유래)
-성기부위에 통증이 없는 작은 궤양(ulcer)

*每(매양 매) -갓 태어난 사람은 매일 엄마(母)의 젖을 먹어야 살 수 있다
*梅(매화 매) - 사람이 매일 먹어야 하는 중요한 과일 나무(木)

每一生寒不賣香 (매일생한불매향) 매화는 매서운 추위에도 향기를 팔지 않고
桐千年老恒藏曲 (동천년로항장곡) 오동나무는 천년이 지나도 항상 곡조를 간직한다
月到千虧餘本質 (월도천휴여본질) 달은 천 번을 어지러져도 본바탕이 변함없고
柳經百別又新枝 (유경백별우신지) 버드나무는 백번을 꺽어도 새가지를 낸다
-조선 申欽(신흠) 漢詩

*토끼 친구들

새벽 5시부터 두 문(門)을 활짝 열고(卯)
부지런하게 돌아다니는(貿) 이유는?
토끼(卯)띠는 사주에서 5시부터 7시에 해당하기 때문이지요

추기경하고 친척이라는 소문은?
사실무근이고요, 두 짝의 문으로 구성된 심장의 이첨판이
교황(樞機卿)님 모자(스님의 모자. 승모판)와 비슷하다고 해서
생긴 오해일 뿐입니다
매독의 주범이라고 의심받은 이유는?
축 처진 토끼 귀가 날씬한 여자처럼
생겼다고 화류계(花柳界)에서 괜히 주범으로 몰았을 뿐이지요

토끼(卯)와 해열진통제인 아스피린과의 관계는?
卯(토끼 묘)자가 들어간
버드나무(柳)에서 아스피린을 추출했기 때문이지요
의료계의 큰 영광입니다

달 속에 방아 찧는 토끼가
아이들의 우상이었던 것도 자랑스럽습니다
그러나 판문점 미루나무(미국 버드나무. 柳) 사건 때문에
빼저린 이야기도 가슴 속에 품고 삽니다
세상 사람들은 사실 저마다 아픔이
하나씩 있는 게 아니겠어요. 그걸로 위로를 삼 습니다

*狡兎三窟(교토삼굴)
-교활한 토끼는 위험을 대비해서 3개의 굴을 파 놓는다

*별주부전(토끼의 간 이야기. 토끼전)
- 토끼는 일시적으로 허욕에 눈이 멀어 유혹에 넘어가
위기에 처했다가 살아남는 서민의 모습
- 용왕의 병 특효약은 토끼의 생 肝(간)
- 맹수들로부터 피하는 법
토끼의 앞다리는 짧아서 달리다가 급회전을 할 수 있다
사자. 호랑이는 직진

C)심장은 좌파인가 우파인가?

심장은 좌파인가?
좌파도 우파도 아니다
가슴의 정 중앙에 있다
단, 심장의 끝이 왼쪽으로 비스듬히 기울어져 있을 뿐이다
산소가 풍부한 새 피를 전신에 보내는
좌심실이 힘이 쎄고 훨씬 두껍기 때문이다

심폐소생술을 할 때는
왼쪽 가슴의 갈비뼈를 누르지 말고
젖꼭지 사이 정 중앙 흉골(胸骨)을 눌러야한다

*흉골, 胸骨, 가슴뼈, 앞가슴 뼈, 복장골(순수우리말), sternum, breast bone)
복장 터지다(가슴이 답답하다)
-흉골(길이 15cm) 바로 밑에 심장(길이 12cm)이 있다
*심장의 피를 공급하는 동맥 (관상동맥 冠狀)
-심장을 마치 왕관 모양으로 둘러싸고 있는 3개의 동맥
우측 -1개 coronary artery(우 관상동맥)
좌측 -2개 circum(주변)flex(구부러진) artery(좌 회선동맥, 휘돌이 가지)
anterior descending artery(좌 전하행동맥, 앞 심실 사이가지)
-coronary(왕관), corona(왕관) virus : 온통 왕관(corona) 판이네 !

98) 귀 뚫기

고대 이집트에서는
간음한 여자를 처벌할 때
여자 성기의 대용으로 생각했던 귀를 잘라내는 벌을 주었다
유대인들은 여성의 할례 대용으로 귀를 변형시켰다
성년식에 사춘기 처녀들이 귀를 뚫는다
우리나라에서는 귀를 지혜의 상징(부처님의 귀)으로 보았고
왕족이나 귀족은 귀걸이를 신분계급의 표시로 사용했다
뱃사람의 귀걸이는 물에 빠져죽지 않고, 나쁜 시력 교정하기 위해서
한방에서는 눈병이나 비만 치료를 위해서 귀뚫기를 했다
고대 근동인들 귀는 예속의 기관이었기 때문에 자유 상실을 의미했다

최근에는 피어싱(Piercing 구멍뚫기)이 유행하여
코찌, 배꼽찌 등 3~4개를 뚫는 경우도 있다
성경에서는(출 21: 6) 재판장에게 가서 그 집안 전체를 대표하는
문이나 문설주에 대고
앞뒤로 뻥 뚫려 있고, 평생 아물지 않게끔 송곳으로 귀를 뚫는다
노예들은 배불리 먹고사는 부잣집 노예보다 자유로운 거지를 더 좋아
했지만
사랑하는 처자식과 함께 살기 위해서
주인의 영원한 종이 되는 경우도 있다
오늘날 귀를 뚫는 젊은이들은
소중한 자유를 버리고 노예를 선택해야만 했던
귀를 뚫는 과거의 역사를 아시는지?

99) 이삭줍기, 유류분(遺留分) 상속(相續)

너희가 너희의 땅에서 곡식을 거둘 때는
너희 밭모퉁이 까지 다 거두지 말고
네 떨어진 이삭도 줍지 말며(레위기 19:9)
가난한 사람들을 위해서
떨어진 이삭을 줍지 마라

부모가 한 자식에게만 몽땅 재산을 주었다해도
유류분 상속이란게 있다
혼자 다 먹지 말고
불쌍한 형제들에게도 재산을 조금씩은 나눠 주라고
국가에서 정한 법률이다

하나님 아버지
죄지은 불쌍한 친구들이 질문하네요
천국 들어가는 길에도 유류분이 있냐고요?

*遺留分(유류분) - 상속재산 가운데 상속받는 사람이 다 갖지 말고
다른 일정한 상속인을 위해 반드시 남겨두어야 할 일정한 재산
-피(血)가 속한 사람들만 상속한다. 혈연주의 , 衋丸의 衋=血+幸
*遺(끼칠 유. 남기다 유) =辶 +貴
-아무리 귀중한(貴) 물건이라도 죽으면 저승에 가져가지 못하고
떠난다(辶) '남기다. 영향력을 남겨 끼치다' 遺産(유산). 後遺症(후유증)
*貴(귀할 귀) =虫 +貝
-벌레도 돈이 있으면 귀해진다
*留(머무를 류. 정지하다. 뒤지다)=卯(토끼 묘)+田
-토끼(苗)가 풀을 뜯기 위해 밭(田)에 머문다. 停留場(정류장)

-卯 토끼의 귀처럼 양쪽문 을 활짝 연 모습

* 貿(무역할 무) -토끼처럼 사방을 뛰어다니며 물건을 사고(買)
팔아서(賣) 돈(貝)을 얻는 무역
* 買(살 매) -그물(罒)로 건져 올린 조개(貝), 즉 돈으로 상품을 산다
賣(팔 매) -그 상품을 내다(士-出의 변형) 판다
* 相續(서로 상 /이을 속) -서로 이어 준다
-죽은 자의 재산을 상속인에게 소유권이 이어지도록 한다
* 꽃을 선물하면 주는 사람이 행복한가요, 받는 사람이 행복한가요?
-꽃을 판 사람이 제일 행복하지요

* 옛날에는 설사병을 일으키는 콜레라로 탈수 때문에 사망을 많이 했다.
그 때 5% 링거가 있었다면 많은 생명을 구했을 것이다
병원에서 마시는 커피 - 5% 포도당(D/W) 1000 cc
-탈수증이나 수술 전후에 수분 보급.
혈장 삼투압이 290 osmol/L 이므로
삼투적 변화 없는 5% D/W는 278
만약에 물을 주입하면 삼투압에 의해 세포가 터져버림
포도당 1000cc = 50g x 4 칼로리 = 총 200 칼로리
D/W dextrose/ water(5% 포도당)
D/S dextrose/ saline(5% 포도당 생리식염수)

100) 사랑의 색깔

사랑에 색깔이 있으면
다른 색깔이 들어올 때 티가 난다
검디검은(玄+玄) 색은 내 마음(心)에 들어오는
모든 색을 티 없이 무조건 받아들인다
그래서 사랑은 검디(玄) 검은(玄) 색(慈)이다

검디검은 흙을 보아라
그 곳에서 올라온 꽃들은
1년 내내, 해마다
검은색이 아닌
연두색, 초록색, 노랑색, 빨강색, 하얀색으로
사랑을 멋있게 뿜어낸다

*사랑=慈悲(자비)=용서
* 玄(검을 현)= 亠 (돼지해 머리 두) + 幺 (작을 요)
하늘에 있는 天體의 덮게(亠)를 땅에서 보면
'가물가물 아득하다. 깊고 오묘하다. 깊고 그윽하다'
* 깊고 오묘한 이치에 드는 門, 玄關(검을 현/관계할 관)에서
black tea의 향기로운 맛을 느끼는 코와 혀로 세상을 알고 싶다
마구로(目黑)의 검은 눈으로 세상을 보고 싶다

*다랑어를 일본에서는 눈(目)이 검다고(黑) 마구로 라고 부른다(目黑 maguro)
어떤 일본인이 ma를 눈(目)이 아닌 眞으로 착각해서 眞黑
이걸 따라, 우리나라에서 참된 진짜(眞) 고기(魚)라고 '참치(眞치)'
- 탐탐탐: 분노하면 눈(目)이 제일 참(眞)된다
*魚(물고기. 티. 치 - 가물티. 가물치. 가물=검다)
칼(刀)치 - 갈치

後記

You are welcome
千萬(천만)의 말씀
왜 천만일까
천만번 뜻밖의 말씀 준말이라
생각 밖의 말씀
위험천만이다(위험하기 짝이 없다)
얼토당토 않는
상대방이 고마워했을 때
고마워하지 않아요.
어쩐지 쌀쌀 맞게 느껴진다
부정적이다

진실은 그게 아닌데
제가 좋아서 한 걸요
그러니 고마워 마세요. 당신의 일이라면 언제든지 환영이에요
천만의 말씀, 당연히 도와 드려야죠

환자 중에 개업 초창기 때부터
40여 년간 병원과 인연을 맺은 登記官 송 종근 氏가 있다
2021년 말, 어려운 등기상 법률문제를 해결해 주었다
너무나 감사한 마음에 무언가 보답하고자 하는 나에게

고마워 마세요, 당신의 일이라면 언제든지 환영이에요

虎死不如生犬(호사불여생견)
죽은 호랑이가 산 개(犬)만 못하다
모든 산 者 중에 참예한 자가 소망이 있음은,
산 개(犬)가 죽은 사자보다 나음이니라(전도서 9:4)
개똥밭에 굴러도 저승보다 이승이 좋다
버젓이 살아
하늘을 바라보고
'유아 웰컴' 이라는 참 뜻을 알게 해준 귀한 깨우침을 받았으니
얼마나 감사한 일인가?
한 번쯤 살아 볼만한 좋은 세상이 아닌가?

*천만 서울시민이 동시에 말하면 千萬의 말씀
Welcome=well(잘. 바라다)+come(오다)+back
돌아온 것을 환영해(오기를 바라다. 환영하다.迎接 영접)

일본은 千億의 말씀
- 애플 TV에서 만든 千億 짜리 '파친코(pachinko)'라는
미드 드라마 때문에 왜 한국인들이 일본사람들을
싫어하는지를 세계인들이 알게 되었다.
- 파친코는 게임을 할 때 쇠구슬이 기계 사이를 돌아올 때
'파친파친' 소리와 구슬이 떨어질 때 '코로코로' 하는
소리의 합성어

*welcome
동사 -환영하다. 맞이하다
형용사 -반가운. 환영받는
명사 -welcomeness. welcomer(환영 받는 사람)
부사 -welcomely
You are welcome (환영 받는 이, 형용사)

* You are welcome 한문으로?
幼兒 웰컴, 으 하하하!
-머리(口)가 큰 형(兄)과 구분하기 위해서
머리가 아직 여물지 않아 천문이 열려있는 가장 어린아이를 兒(臼+儿 아이 아)
조금 자란 아이 嬰(아이 영) -조개(貝)와 돈(貝)을 가지고 노는 아이
좀 더 큰 아이 童(아이 동) -동네(里)에서 서서(立) 노는 아이
櫻(앵두나무 앵) -어린아이 같이 예쁜 나무
幺(요) -絲(실타래)보다 작다. 미미하다. 약하다
幼(어릴 유) -힘(力)이 작은 어린이

home에는 전치사가 포함되어 있으므로,
welcome home(집에 오신 것을 환영합니다. 귀국을 환영합니다)
going home(집으로 가는 길. 고향으로) -노랑 손수건(용서. 포용. 사랑)
home(고향. 가장. 정신적인 장소)& house(집. 건물. 물리적인 장소)
well + come 잘 오셨습니다

* 무뚝뚝한 사람을 친절하게 해주는 백신은 왜 없을까?
vaccine(예방주사)은 牛痘를 앓은 암소(vacca) 젖을 짜는 여인들은
천연두에 걸리지 않는다는 vacca에서 유래
* 알츠하이머. 영츠하이머(young 젊은 층 치매) 백신은?

* home 의 어원 - ham(영어), heim(독일어),maison(메종. 프랑스)
- mansio(라틴어. 만시오) 대저택(mansion 맨션. 대저택)
- tottenham(토트넘. 손흥민 축구)- Tota 농부의 농장
- 家 :지붕 아래 돼지. 가정을 지키는 상징적인 동물. 福의 상징
- 家庭 : 한 지붕 아래 식구+ 함께하는 공간
* Home coming -홈 커밍. 집으로 돌아오다. 귀향, 동창회(home coming day)
* smart home 똑똑한 집
* home sweat home 즐거운 나의 집
- 미국 페인(Payne 1791~1852)이 작사
본인은 미국을 떠나 평생 집 없는 생활
* 행복한 가정은 미리 누리는 천국이다
* 행복한 가정, you are welcome 은 신기루가 아니고, 우리가 만들 수 있다

* 幸福의 幸=夭(어릴 요. 죽다)의 변형 土 + 거스리다 역 屰

-일찍 죽지 않아(목숨을 구하게 되어) 다행이다 '다행. 행복'
-행복이 오면 반드시 報恩해야 한다
報 - 무조건 무릎 끓고(卩) 두 손(又) 모아 주변에 알리고, 그만큼
주위에 갚아야 한다(報恩)
-누가 6:28 -너희를 저주하는 자를 위하여 축복하며
너희를 모욕하는 자를 위하여 기도하라
'사랑하라'를 넘어 도리어 '복을 빌어주라'(벧전 3:8~12)
-왜? 너희들은 최고의 幸福인 '하나님의 부르심'을 받았기 때문에
-토끼들이 좋아하는 토끼풀이 클로버(clover. 아일랜드 국화) 이다.
꽃말 - 네잎 클로버(幸運), 세 잎 클로버(幸福)
-네잎 클로버를 찾으려고, 세 잎 클로버를 밟고 다닌 토끼는
토사구팽
-大를 거꾸로 하면 屰
-朔(초하루 삭) 달이 거꾸로 있을 때 '초하루'
-逆(어긋날 역) 길을 거슬러서(屰) 가니(辶) '어긋나다' 逆戰.反逆.逆效果

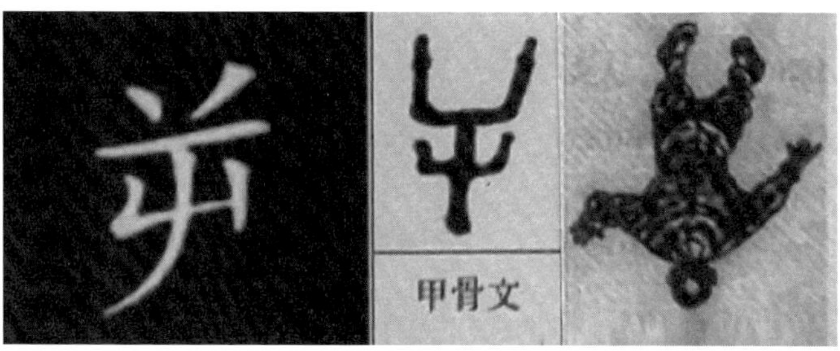

* 幸運(행운) - 運(옮길 운) 옮기다. 움직이다. 운수. 운명
많은 사람들은 행운보다는 행복하기를 더 바란다
행복 -본인 스스로 마음을 다스리면 항상 따라 다닌다
행운 -갑자기 뜻밖에 연락도 없이 찾아온다
지상에서 행복을 누린 영혼만이 천국으로 갈 수 있다
* 천국 입학시험 2가지 문제(고대 이집트)
1) 살아 있는 동안 진정한 행복을 누린 적이 있는가?
2) 살아 있는 동안 다른 사람을 행복하게 해 주었는가?(翁)

* 그리스 철학자 플라톤(기원전 420년), 행복의 조건 5가지

1) 조금 부족한 재산
2) 조금 부족한 외모
3) 절반만 인정받는 명예
4) 남과 힘 겨룰 때, 한 사람에게는 이기고,
두 사람에 질 정도의 체력
5) 연설 했을 때 절반 정도만 박수 치는 말솜씨
완벽하면 불안하다.
부족할 때, 그 걸 채우기 위한 노력이 삶의 행복이다

*행복감을 강하게 해주는 최고의 처방은? - 여행
- 여행에는 걷기. 놀기. 말하기. 먹기 4기가 있어 행복하다
- 그래도 '기가 막혀' '기막혀 죽겠다' 고 하면
기(귀) 뚫어주는 이비인후과로 가보소

*행복은 모든 것이 갖춰진 상태에서 찾아오지 않는다.
부족한 가운데 감사하는 마음을 가질 때 나도 모르게 찾아온다(한 학자)
*행복은 용량이 작아야 더 행복하다(솔제니친)
*知分 守分 滿分 安分 - 분수를 알고, 지키고, 만족하면, 편안해 진다
*동물들은 맨손, 맨발이므로 소유욕에 대한 정신병이 없다.
*장수노인들의 공통점 -무리하지 않는다. 만족이 아니고 부족함이 없으리로다
a) 육체적
1) 배부르기 전에 숟가락을 내려놓는다
2) 피곤하기 전에 쉰다
b) 정신적
3) 감정과 욕망도 내려놓는다

*행복은 어떻게 찾아야 하나요?
山이 나에게 오지 않으니까 山에 가는 등산가처럼
행복 역시 그저 오는 것이 아니므로 내가 찾아 가야한다

1만 번의 법칙. 1만 시간의 법칙. The 10,000 Hours Rule 에 따라
1만 시간을 투자해야 한다
1일 3시간씩 10년=1만 시간(1만 번의 도전) 반복하면,
1일 1시간씩 30년=3만 시간(3만 번의 도전. 3만 번의 법칙. 마부작침) 반복하면
철통같고 철벽같은 행복이라는 '무의식의 문'이 열린다

人百己千(인백기천) -남이 백을 하면, 나는 천을 노력 해야한다

공부도 행복처럼 배움 보다는 익힘(習)이다
배워서 달인이 된 사람은 한명도 없다
鍛鍊(단련)의 단은 1,000번, 련은 10,000번씩 반복 연습하라는 뜻이다
독서는 100讀 (百讀自通. 百讀百習)을 해야 함과
동시에 習이 된 筆寫(필사)를 해야 한다

習(익힐 습. 익힘) 學而時習. 磨斧作針(마부작침. 鍼). 水適穿石(수적천석)
祈禱할 때 斤이 들어간 이유(마부작침)
마부작침 -도끼를 갈아 바늘을 만드는 노파를 보고,
공부를 포기했던 李白이 다시 공부
도끼 부(斧) -손에 도끼(斤)를 들고 바깥일을 하는 아버지(父)
벌새는 꽃 꿀을 먹기 위해 1초에 60번 날개 짓(習)을 한다
麻 -집(广)응달에 삼 껍질(林)을 벗겨서 말리는 모습
磨(갈 마) -삼(麻)을 광택이 나도록 돌(石)로 문질러서 닦는다

*嚴(엄할 엄) - 바위 언덕에서 굳세게 서있는 모습.
- 적을 치고(攻), 잘라 온 귀(耳)를 바위 언덕(厂)에 올라
큰 소리(口口)로 엄하게 호령
威(위엄 위) - 비록 여자(女) 일지라도 큰 도끼(戌를) 들고 있으면
위엄이 있다 =戌 (무기 술. 도끼)+女
敢(감히 감)=攻+耳

*시편 23편 1절 -여호와는 나의 목자시니, 내개 부족함이 없으리로다

부족함이 없으리로다.
모자람이 없으리로다. 능력이 다른 것이지, 모자란 것은 아니다.
문화나 신체적 차이 때문에 사회의 주류문화에서 벗어나
약자의 위치에 있는 小數者(소수자 minorites 마이너리티)도
그들의 삶이 이상하고 별나지만,
여러 종류의 모든 인생의 때는 아름답고 가치가 있다
사회에서 정하는 행복의 기준이 하나란 것이 문제이다.
행복의 기준은 모두 다르다.

모든 종류의 마음을 받아들이는 공감능력을 키우면
얼마나 행복할까?
Think different 다르게 생각하라(스티브 잡스)

*You are welcome

인간은 땅에 있을 때 하나님의 형상을 닮아 만들어졌으므로
'물질만능의 늪' 이라는 삶의 본질에 빠지지 마라
그 내면의 정신 역시 권력, 명예, 돈 등 물질적 가치(리빙. 의식주) 보다는
정신적 가치(라이프. 진선미) 즉 위엄(dignity)을 더 중요시하라
하나님은 인간에게 '영혼을 사모하는 마음이라는 위엄'을 주셨기 때문에
인생은 허무하다는 생각은 버리고
인생의 모든 때는 아름답다고(전: 1~15) 생각해야 한다
일어나라 빛을 발하라(이사야 60:1)
하나님의 위엄(威嚴 dignity, majesty)을 닮은
끝을 잘 맺는 아름다운 有終의 美(finishing well)를 거둬야 한다
끝날 때까지 자신감을 갖고 위엄을 가져야 한다

어머님의 심장은 검디검을(慈) 것이다
사랑하는 자식들 때문에
하나님의 심장은 더 검디검을(慈) 것이다
인간을 너무나 사랑하시기 때문에
죄 많은 우리가 하늘로 올라갈 때
무조건 언제나 you are welcome (救讀)하시기 때문에